Exercícios espirituais

Dados Internacionais de Catalogação na Publicação (CIP)
(Câmara Brasileira do Livro, SP, Brasil)

Loyola, Inácio de, 1491-1556
  Exercícios espirituais / Inácio de Loyola ; tradução de Frei
Burcardo Sasse. – Petrópolis, RJ : Vozes, 2025.

  Título original: Ejercicios espirituales.
  ISBN 978-85-326-7168-4

  1. Cristianismo – Essência, natureza etc. 2. Espiritualidade –
Cristianismo 3. Exercícios espirituais I. Título.

25-257472   CDD-269

Índices para catálogo sistemático:
1. Exercícios espirituais : Cristianismo   269

Aline Graziele Benitez – Bibliotecária – CRB-1/3129

Exercícios espirituais

Santo Inácio de Loyola

Tradução de Frei Burcardo Sasse, OFM

Petrópolis

Tradução do original em espanhol intitulado *Ejercicios espirituales*.

© desta tradução:
2025, Editora Vozes Ltda.
Rua Frei Luís, 100
25689-900 Petrópolis, RJ
www.vozes.com.br
Brasil

Todos os direitos reservados. Nenhuma parte desta obra poderá ser reproduzida ou transmitida por qualquer forma e/ou quaisquer meios (eletrônico ou mecânico, incluindo fotocópia e gravação) ou arquivada em qualquer sistema ou banco de dados sem permissão escrita da editora.

CONSELHO EDITORIAL

Diretor
Volney J. Berkenbrock

Editores
Aline dos Santos Carneiro
Edrian Josué Pasini
Marilac Loraine Oleniki
Welder Lancieri Marchini

Conselheiros
Elói Dionísio Piva
Francisco Morás
Teobaldo Heidemann
Thiago Alexandre Hayakawa

Secretário executivo
Leonardo A.R.T. dos Santos

PRODUÇÃO EDITORIAL

Anna Catharina Miranda
Eric Parrot
Jailson Scota
Marcelo Telles
Mirela de Oliveira
Natália França
Priscilla A.F. Alves
Rafael de Oliveira
Samuel Rezende
Verônica M. Guedes

Editoração: Mylenna Mattos
Diagramação: Victor Mauricio Bello
Revisão gráfica: Michele Guedes Schmid
Capa: Editora Vozes
Ilustração de capa: Lúcio Américo

ISBN 978-85-326-7168-4

Este livro foi composto e impresso pela Editora Vozes Ltda.

Sumário

Anotações, 9
Exercícios espirituais, 19
Aviso preliminar, 21
Princípio e fundamento, 23

Primeira semana, 25
  Tríplice pecado, 31
  Segundo exercício, 34
  Terceiro exercício, 36
  Quarto exercício, 37
  Quinto exercício, 37
  Meditações suplementares, 39
  Adições, 39

Segunda semana, 45

Imitação de cristo, 45
  Reino de Cristo, 45
  Primeiro dia, 47
  Segundo dia, 53
  Terceiro dia, 54
  Quarto dia, 54
  Quinto dia, 59

Sexto dia, 59
Sétimo dia, 60
Oitavo dia, 60
Nono dia, 60
Décimo dia, 60
Undécimo dia, 60
Duodécimo dia, 61
Primeira nota, 61
Segunda (nota), 61
Terceira nota, 61
Imitação heroica de Cristo, 62

A escolha, 65
II. Objeto, 66
III. Três tempos, 67
IV. Dois modos, 67
A reforma para emendar e reformar a própria vida e estado, 69

Terceira semana, 71
Primeiro dia, 71
Segundo dia, 74
Terceiro dia, 74
Quarto dia, 75
Quinto dia, 75
Sexto dia, 75
Sétimo dia, 75
Regras para observar, de agora em diante, a reta ordem na refeição, 76

Quarta semana, 79
  Notas, 80
  I. Os benefícios de Deus, 82
  II. A presença de Deus, 82
  III. A atividade de Deus, 83
  IV. Deus em si infinitamente amável, 83
  Três modos de orar, 83
  Os mistérios da vida de Nosso Senhor Jesus Cristo, 88
  A. MISTÉRIOS DA SEGUNDA SEMANA, 88
  B. MISTÉRIOS DA TERCEIRA SEMANA, 99
  C. MISTÉRIOS DA QUARTA SEMANA, 103

Discernimento dos espíritos, 109

Regras para a primeira semana, 109
  I. Atuação diversa de diversos espíritos, 109
  II. Consolação e desconsolação, 110
  III. Maneira de proceder, 111
  IV. Proceder do inimigo, 112

Regras para a segunda semana, 115
  I. Sobre as consolações, 115
  II. Sobre os pensamentos, 116
  III. Sobre a maneira e tempo de atuar, 116
  Distribuição de esmolas, 117

Escrúpulos, 121
  1. Noção do escrúpulo, 121
  2. Procedimento do inimigo, 121
  3. Defensiva, 122
  II. Escrúpulos acerca de coisas boas, 122

Sentir com a Igreja, 123

Anotações

Anotações para melhor compreender os exercícios espirituais que seguem, e para ajudar, tanto o que os vai propor, como o que os vai fazer.

A **primeira anotação** explica que, por este título, **exercícios espirituais**, se entende todo o modo de examinar a consciência, de meditar, de contemplar, de orar vocal e mentalmente e outras espirituais operações, segundo o que adiante se dirá. Porque, assim como o passear e correr são exercícios corporais, da mesma maneira todo o modo de preparar e dispor a alma para tirar de si as afeições desordenadas, e, depois de tiradas, para buscar e achar a vontade divina na disposição de sua vida, para a salvação da alma, chamam-se exercícios espirituais.

A **segunda anotação** recomenda que a pessoa que propõe a outrem o modo e a ordem no que há de meditar ou contemplar, deve narrar fielmente a história de tal contemplação ou meditação, discorrendo somente pelos pontos com breve ou sumária exposição; pois a pessoa que contempla, tomando o fundamento verdadeiro da história, discorrendo e raciocinando por si mesma, e achando alguma coisa que faça um pouco mais claro o sentido da história, ou seja pelo próprio raciocínio, ou seja por ilustração da virtude divina, tem mais gosto e fruto espiritual do que com muitas explicações do sentido da história: pois não é a muita ciência que farta e satisfaz a alma, mas o sentimento e gosto interior das verdades.

Terceira anotação: Como em todos os seguintes exercícios espirituais usamos dos atos do entendimento, discorrendo, e dos da vontade, excitando afetos, advirtamos que nos atos de vontade, quando falamos vocal ou mentalmente com Deus, nosso Senhor, ou com os seus santos, requer-se da nossa parte maior reverência, que quando usamos do entendimento, raciocinando.

Quarta anotação: Ainda que para os exercícios seguintes se tomem quatro semanas, por corresponderem às quatro partes em que se dividem os exercícios, a saber: a primeira, que é a consideração e contemplação dos pecados; a segunda, a vida de Cristo, nosso Senhor, até o dia de Ramos inclusivamente; a terceira, a paixão de Cristo, nosso Senhor; a quarta, a ressurreição e ascensão com os três modos de orar; todavia não se pense que cada semana deva ter sete ou oito dias: porque, como acontece que na primeira semana alguns são mais tardios em achar o que buscam, isto é: contrição, dor, lágrimas por seus pecados; do mesmo modo que uns são mais diligentes que outros, e mais agitados ou provados por diversos espíritos, é preciso algumas vezes encurtar a semana, e outras vezes prolongá-la, e assim em todas as outras semanas que seguem, dispondo-se tudo segundo as circunstâncias. Todos os exercícios, porém, terminam em pouco mais ou menos de trinta dias.

Quinta anotação: Ao que recebe os exercícios é muito útil entrar neles com grande ânimo e liberalidade para com seu Criador e Senhor, oferecendo-lhe todo o seu querer e sua liberdade, para que sua divina Majestade, tanto de sua pessoa como de tudo que tem, sirva-se, conforme a sua santíssima vontade.

Sexta anotação: Quando aquele que propõe os exercícios percebe que ao que se exercita não lhe vêm à alma moções espirituais algumas, como, por exemplo, consolações ou desconsolações, nem é agitado por vários espíritos, muito o deve interrogar acerca dos exercícios, se os faz nas ocasiões para isso destinadas, e de que maneira; igualmente acerca das adições, se as observa com diligência, pedindo particularmente informação de cada uma destas coisas. Trata-se da consolação e desconsolação nas regras dos diversos espíritos; das adições, no fim da primeira semana.

Sétima anotação: Se aquele que propõe os exercícios vê que o que os recebe está desconsolado e tentado, não se haja com ele dura nem desabridamente, mas branda e suavemente, dando-lhe ânimo e forças para prosseguir, descobrindo-lhe as astúcias do inimigo da natureza humana e exortando-o a se preparar e dispor para a consolação vindoura.

Oitava anotação: Aquele que propõe os exercícios, segundo a necessidade que verificar no que os recebe, acerca das desconsolações e das astúcias do inimigo, como também das consolações: poderá explicar-lhe as regras da primeira e segunda semana, que servem para conhecer vários espíritos.

Nona anotação: Pode acontecer que a pessoa que se exercita não seja ainda versada nas coisas espirituais e, estando ainda nos exercícios da primeira semana, o espírito maligno a tente grosseira e abertamente, mostrando-lhe, por exemplo, os impedimentos para progredir no serviço de Deus, nosso Senhor, tais como trabalhos, vergonha e temor pela honra do mundo etc., é de advertir que aquele que propõe os exercícios não lhe proponha as regras dos vários exercícios da segunda semana: porque, quanto lhe aproveitarão as da primeira semana, tanto o prejudicarão as da segunda, por ser matéria mais subtil e mais sublime que ele não poderá entender.

Décima anotação: Quando aquele que propõe os exercícios observa que quem os recebe é batido e tentado sob a espécie do bem, então convém falar-lhe sobre as regras da segunda semana já mencionada: porque comumente o inimigo da natureza humana tenta mais sob a espécie do bem, quando a pessoa se exercita na vida iluminativa, que corresponde aos exercícios da segunda semana, e não tanto na vida purgativa, que corresponde aos exercícios da primeira semana.

Undécima anotação: Ao que segue os exercícios é útil, na primeira semana, não saber coisa alguma do que há de fazer na segunda semana; mas que de tal modo trabalhe na primeira para alcançar o fim que busca, como se, na segunda, nada melhor esperasse achar.

Duodécima anotação: Aquele que propõe os exercícios deve muito advertir ao que os recebe que, como em cada um dos cinco exercícios ou contemplações que se farão cada dia deverá permanecer uma hora, assim procure sempre que o ânimo fique contente em pensar que esteve uma hora inteira no exercício, e antes mais do que menos, porque o inimigo faz todo o possível para que a hora de tal contemplação, meditação ou oração seja encurtada.

Décima terceira anotação: Do mesmo modo advirta-se que, como no tempo da consolação é fácil e agradável estar uma hora inteira em contemplação, assim no tempo da desconsolação é muito difícil preenchê-la. Portanto, a pessoa que se exercita, para agir contra a desconsolação e vencer as tentações, deve sempre prolongar um pouco a hora completa; não somente para se acostumar a resistir ao adversário, mas ainda para derrotá-lo.

Décima quarta anotação: Se aquele que propõe os exercícios vê que o que os recebe anda consolado e com muito fervor, deve preveni-lo que não faça promessa nem voto algum inconsiderada e precipitadamente; e quanto mais o reconhecer de índole inconstante, tanto mais o deve prevenir o admoestar; porque, embora alguém justamente possa mover a outro a tomar o estado religioso, no qual se entende fazer voto de obediência, pobreza e castidade; e, conquanto a boa obra feita com voto seja mais meritória do que a que se faz sem ele, deve, todavia, tomar em muita consideração a especial condição e disposição física e moral do que se exercita, e fazer-lhe ver quanta ajuda ou estorvo poderá achar em cumprir aquilo que tenciona prometer.

Décima quinta anotação: Aquele que propõe os exercícios não deve impelir o retirante à pobreza de preferência ao oposto, nem mesmo à simples promessa; nem para um estado ou modo de vida de preferência a outro; porque, embora fora dos exercícios lícita e meritoriamente possamos mover a todas as pessoas, provavelmente idôneas, a escolher continência, virgindade, estado religioso e toda a maneira de perfeição evangélica, contudo, nos exercícios espirituais, é mais conveniente e muito melhor que se busque a divina vontade e o mesmo Criador e Senhor se comunique à alma sua devota, abrasando-a em seu amor e louvor, e dispondo-a para o caminho que melhor lhe convenha no futuro: de maneira que aquele que propõe os exercícios não se vire nem se incline para esta parte, ou para aquela, mas permaneça no meio, como uma balança, e deixe imediatamente tratar o Criador com a criatura, e a criatura com seu Criador e Senhor.

Décima sexta anotação: Para isto (Anotação XV), a saber, para que o Criador e Senhor opere mais diretamente na sua criatura, é muito conveniente mover-se, empregando todas as forças, para chegar ao contrário daquilo a que está mal afeiçoado; se acaso tal alma estiver desordenadamente apegada e inclinada a uma coisa; assim, por exemplo, se está afeiçoada a buscar e ter um ofício ou benefício, não para a honra e glória de Deus, nosso Senhor, nem para o bem espiritual das almas, mas para as suas próprias vantagens e interesses temporais, deve afeiçoar-se ao contrário, instando em orações e outros exercícios espirituais, e pedindo a Deus, nosso Senhor, o contrário, isto é, a não querer o tal ofício ou benefício, nem outra coisa alguma, a não ser que sua divina Majestade, regulando os seus desejos, lhe mude sua afeição primeira, de maneira que a causa de desejar ou conservar uma coisa ou outra, seja unicamente o serviço, a honra e a glória de sua divina Majestade.

Décima sétima anotação: É muito útil que aquele que propõe os exercícios, sem indagar nem querer saber os próprios pensamentos nem pecados do retirante, seja, todavia, fielmente informado das várias agitações e pensamentos que os diferentes espíritos lhe sugerem; porque, segundo o maior ou menor progresso, pode propor alguns exercícios espirituais, convenientes e conformes à necessidade de tal alma agitada.

Décima oitava anotação: Segundo a disposição das pessoas que querem seguir exercícios espirituais, isto é, segundo a idade, instrução ou engenho que têm, é que se hão de aplicar a tais exercícios; não se proponham a quem é rude ou de compleição delicada coisas que não possa descansadamente levar, e das quais não tire proveito. Do mesmo modo, deve-se propor a cada um, segundo o que quiser alcançar, aquilo pelo qual possa conseguir mais ajuda e proveito. Portanto, (I classe[1]): ao que (só)

---

1. À **I classe** pertencem as pessoas que não têm cultivo intelectual nem vontade de progredir muito na vida religiosa, e desejam apenas instruir-se

quer ser ajudado para se instruir, e chegar até certo grau de contentar a sua alma, pode se dar o exame particular, e depois o exame geral, e, juntamente, por meia hora, de manhã, o modo de orar sobre os mandamentos, pecados mortais (capitais) etc., recomendando-lhe também a confissão de seus pecados de oito em oito dias, e, podendo, a recepção do Sacramento cada quinzena, e, afeiçoando-se-lhe melhor, cada semana. Esta maneira é mais adequada a pessoas rudes ou sem letras, explicando-se-lhes cada mandamento, como também os pecados mortais, preceitos da Igreja, cinco sentidos e obras de misericórdia. (II classe: Do mesmo modo, se aquele que propõe os exercícios vir que o que os segue é de compleição delicada, ou de pouca capacidade natural, de quem não se espera muito fruto, é mais conveniente explicar-lhe alguns destes exercícios leves até que se confesse dos seus pecados; e depois, explicando-lhe alguns exames de consciência, e aconselhando-o a confessar-se mais a miúdo do que costumava, para se conservar no que tiver ganho; não passar adiante às matérias de escolha, nem a outros exercícios, que estão fora da primeira semana; mormente quando em outros se pode conseguir maior proveito, para que não venha a faltar o tempo para tudo.

Décima nona anotação: (III classe[2]): Aquele que estiver embaraçado em coisas públicas ou negócios

---

para alcançar certa tranquilidade de alma e ordenar a sua vida. A elas sejam explicados o "princípio e fundamento" (ainda que Santo Inácio o não diga expressamente, porque parece ser evidente), o duplo exame de consciência, o primeiro modo de orar e a frequência da confissão e da comunhão.

2. Formam a **III classe** as pessoas instruídas, bem-dispostas e de ótima vontade, mas que não podem de modo algum afastar-se dos seus negócios para fazer um retiro fechado. Se cada manhã têm uma hora e meia livre, podem receber sucessivamente todos os exercícios, porque permitem esperar muito fruto. O seu retiro se prolongará assim por muitos dias.

necessários, quer seja letrado ou engenhoso, empregue (cada dia) hora e meia para se exercitar. Depois de lhe ser explicado para que o homem é criado, pode-se igualmente propor-lhe por espaço de meia hora o exame particular, e em seguida o exame geral, e o modo de confessar e receber o Sacramento. Faça ele então durante três dias, cada manhã, por espaço de uma hora, a meditação sobre o tríplice pecado, depois, em outros três dias à mesma hora, a meditação sobre o processo dos pecados (próprios), depois, em mais três dias à mesma hora, sobre as penas que correspondem aos pecados, explicando-se-lhe em todas as três meditações as dez adições. A mesma ordem (de meditar) seja observada acerca dos mistérios de Cristo, nosso Senhor, ordem que é notada, infra e largamente, nos próprios exercícios.

Vigésima anotação: Ao que é mais desembaraçado (livre de negócios), e que em tudo deseja o maior proveito possível, sejam-lhe propostos todos os exercícios espirituais pela mesma ordem em que estão indicados; nos quais, por via de regra, tanto mais aproveitará, quanto mais se apartar de todos os amigos e conhecidos, e de toda a solicitude terrena; por exemplo, mudando-se da casa onde morava, e tomando outra habitação ou quarto, para lá conservar-se o mais isolado que puder, de maneira que lhe seja possível ir todos os dias à missa e às vésperas. Isto no caso de temer que seus conhecidos lhe ponham obstáculo. Deste afastamento seguem-se, entre muitos outros, três proveitos principais: o primeiro é que, se o homem se apartar de muitos amigos e conhecidos, e igualmente de muitos negócios não bem ordenados, para servir e louvar a Deus, nosso Senhor, não pouco merecerá diante de sua divina Majestade. O segundo, que, estando assim segregado e não tendo o entendimento repartido entre muitas coisas, mas pondo todo o cuidado em uma só, a saber, em servir a seu Criador e fazer bem à sua própria alma, usa ele de suas potências naturais mais livremente, para buscar com diligência o que tanto deseja. O terceiro, que, quanto mais nossa alma se acha só e isolada, mais apta se torna a acercar-se e aproximar-se de seu Criador e Senhor; e quanto mais assim se achega, mais se dispõe para receber graças e dons de sua divina e suma bondade.

Exercícios espirituais

Para vencer-se a si mesmo e ordenar a sua vida, sem atender a afeição alguma que seja desordenada.

Aviso preliminar

Para que tanto aquele que explica os exercícios espirituais como o que os segue se ajudem e haja proveito, se há de pressupor que todo o cristão deve ser mais pronto para bem interpretar a asserção do próximo do que para condená-la; e, se não pode justificá-la, indague, como a entende; e se mal a entende, corrija-a com amor, e se não basta, busque todos os meios convenientes para que, entendendo-a bem, se salve.

Princípio e fundamento

O homem é criado para louvar, reverenciar e servir a Deus, nosso Senhor, e por este meio salvar a sua alma. Tudo o mais sobre a terra foi criado para o homem, para ajudá-lo na consecução do fim para o qual é criado. Daí resulta que o homem tanto há de usar delas quanto o ajudem para o seu fim; e tanto deve apartar-se delas quanto o afastarem desse fim. Por isso é mister fazer-nos indiferentes diante de todas as coisas criadas em tudo que é concedido à liberdade do nosso livre-arbítrio, e que não está proibido; de tal maneira que da nossa parte não prefiramos a saúde à enfermidade, a riqueza à pobreza, a honra ao desprezo, uma vida longa à curta, e assim por diante em tudo o mais; desejando e escolhendo somente o que mais nos conduz ao fim para o qual fomos criados.

Primeira semana

Exames

Exame particular e cotidiano
Contém em si três tempos e dois exames (cada dia).

O **primeiro** tempo consiste em fazer o homem, de manhã, logo ao levantar-se, o propósito de se guardar com diligência daquele pecado particular ou defeito que ele quer corrigir e emendar.

O **segundo**, depois de comer (almoço), em pedir a Deus, nosso Senhor, o que se quer, a saber, graça para recordar-se quantas vezes se caiu naquele pecado particular ou defeito, e para se emendar de futuro; em seguida faça-se o primeiro exame, pedindo conta à sua alma daquela coisa proposta e particular que se quer corrigir e emendar, discorrendo de hora em hora, ou de tempo em tempo, começando desde a hora de se levantar até à hora e momento do exame presente, e façam-se na primeira linha da (figura) {••• _____ tantos pontos quantas vezes se tem incorrido naquele pecado particular ou defeito; e depois se proponha de novo emendar-se até ao segundo exame que se fará.

No **terceiro** tempo, depois de cear, se fará o segundo exame, do mesmo modo, de hora em hora, começando desde o primeiro exame até ao segundo presente, e faça-se na segunda linha {••• _____ tantos pontos quantas vezes se tem incorrido naquele particular pecado ou defeito.

Seguem-se quatro adições para quanto antes extirpar aquele particular pecado ou defeito.

A primeira adição é o seguinte: cada vez que o homem cai naquele pecado ou defeito particular, ponha a mão no peito, doendo-se de ter caído; o que se pode fazer mesmo diante de muitos, sem que percebam o que se faz.

A segunda, como a primeira linha da figura { ———— significa o primeiro exame, e a segunda linha, o segundo exame; observe-se à noite se há emenda da primeira linha para a segunda, isto é, do primeiro exame para o segundo.

A terceira: conferir o segundo dia com o primeiro, isto é, os dois exames do dia presente com os outros dois exames do dia passado, e ver se de um dia para outro se realizou alguma emenda.

Quarta adição: conferir uma semana com a outra, e ver se na presente semana houve maior emenda que na primeira passada.

É de notar que as primeiras { ———— linhas espaçadas denotam o domingo; as outras, mais unidas, a segunda-feira, a terça-feira, e assim por diante.

{ ————————————————
  ————————————————

{ ————————————
{ ————————————
{ ————————————
{ ——————————
{ ——————————
{ —————————
{ —————————

Exame geral de consciência para purificar-se e melhor se confessar.

Pressuponho que três espécies de pensamentos há em mim, a saber: uns próprios de mim, que procedem da minha própria liberdade e vontade, e outros dois, que vêm de fora, uns do bom espírito, e outros, do mau.

Do pensamento

Há duas maneiras de alcançar merecimento em um mau pensamento que vem de fora; por exemplo: surge o pensamento de cometer um pecado mortal; resisto-lhe imediatamente, e venço.

A segunda maneira de merecer é resistir logo àquele mesmo mau pensamento, tornar a resistir-lhe quando ele volta e assim sempre, até que o pensamento se afaste vencido; esta segunda maneira é mais meritória do que a primeira.

Peca-se venialmente quando o mesmo pensamento de pecar mortalmente vem e o homem lhe dá atenção, demorando-se um pouquinho, ou recebendo alguma deleitação sensual (sem plena consciência), ou se houver alguma negligência em rejeitar o tal pensamento.

De dois modos se peca mortalmente:

Primeiro, quando o homem dá consentimento ao mau pensamento para agir logo, assim como tem consentido, ou para pôr em obra se pudesse.

Segundo, quando se executa aquele pecado, e é maior por três razões: pelo maior tempo; pela maior intenção; e pelo maior dano de ambas as pessoas.

Da palavra

Não jurar nem pelo Criador nem pela criatura, se não for com verdade, necessidade e reverência. Por necessidade entendo, não quando se afirma com juramento qualquer verdade, mas quando ela é de alguma importância para o proveito da alma, ou do corpo, ou dos bens temporais. Entendo por reverência, quando, ao nomear seu Criador e Senhor, se acata atentamente aquela honra e reverência devida.

É de advertir que, embora no vão juramento pequemos mais jurando pelo Criador do que pela criatura, é (todavia) mais difícil jurar devidamente com verdade, necessidade e reverência pela criatura do que pelo Criador, pelas razões seguintes:

A primeira consiste em que, se queremos jurar por alguma criatura, a vontade de nomear a criatura não nos faz estar tão atentos e cautelosos para dizer a verdade, ou para afirmá-la com necessidade, como na vontade de nomear o Senhor e Criador de todas as coisas.

A segunda é que, jurando pela criatura, não é tão fácil prestar reverência e acatamento ao Criador, como jurando e nomeando o próprio Criador e Senhor; porque a vontade de nomear a Deus, nosso Senhor, traz consigo mais acatamento e reverência do que a vontade de nomear a coisa criada. Portanto, é concedido antes aos perfeitos jurar pela criatura, do que aos imperfeitos; porque os perfeitos, pela assídua contemplação e iluminação do entendimento, mais do que os outros consideram, meditam e contemplam que Deus, nosso Senhor, está em cada criatura, segundo sua própria essência, presença e poder; e assim, jurando pela criatura, ficam eles mais aptos e dispostos para prestar acatamento e reverência a seu Criador e Senhor do que os imperfeitos.

A terceira é que, jurando assiduamente pela criatura, se há de temer mais a idolatria nos imperfeitos do que nos perfeitos.

Não dizer palavra ociosa, isto é, que nem a mim nem a outro aproveita, nem a tal intenção se refere; de sorte que, falando-se de tudo que é útil, ou tendo-se a intenção de favorecer a alma própria ou alheia, o corpo ou os bens temporais, nunca (a palavra) é ociosa, ainda quando alguém fala de coisas que estão fora do seu estado, por exemplo, se um religioso fala de guerras ou mercancias; mas em toda palavra proferida há mérito se é bem intencionada, e pecado se é mal dirigida, ou em vão pronunciada.

Não dizer coisa infamante ou murmurar; porque, se descubro pecado mortal que não seja público, peco mortalmente; se venial, venialmente, e, sendo mero defeito, fica patente o meu próprio defeito; se a intenção é reta, de duas maneiras se pode falar do pecado ou falta de outrem:

A primeira, quando o pecado é público, como, por exemplo, de uma meretriz pública, e de uma sentença dada em juízo, ou de um público erro que afeta as almas com que se conversa.

Segundo, quando o pecado oculto se descobre a alguma pessoa para que ajude, ao que está em pecado, a levantá-lo, tendo, porém, algumas conjeturas ou razões prováveis para julgar que essa pessoa o possa ajudar.

Da obra
Tomando por objeto os Dez Mandamentos e os preceitos da Igreja, e as recomendações dos superiores, tudo o que se põe em obra contra alguma destas três partes,

segundo maior ou menor qualidade, é maior ou menor pecado. Entendo por recomendações de superiores, por exemplo, Bulas de Cruzadas, e outros indultos, como pela paz, confessando-se e tomando o SS. Sacramento; porque não pouco se peca então, quando se é causa de faltas ou se age contra tão pias exortações e recomendações de nossos maiores.

Modo de fazer o exame geral: contém em si cinco pontos.

O primeiro ponto é dar graças a Deus, nosso Senhor, pelos benefícios recebidos.

O segundo, pedir graça para conhecer os pecados e expulsá-los.

O terceiro, pedir conta à alma desde a hora de se levantar até ao exame presente, de hora em hora ou de tempo em tempo: primeiro do pensamento, depois da palavra, e por fim da obra, pela mesma ordem seguida no exame particular.

O quarto, pedir perdão das faltas a Deus, nosso Senhor.

O quinto, propor emendar-se com sua graça. **Pai-nosso**.

Confissão geral com a comunhão

Na confissão geral, para quem voluntariamente a quiser fazer, achar-se-ão, entre muitas outras, três vantagens para os exercícios.

A primeira, embora aquele que se confessa cada ano não seja obrigado a fazer uma confissão geral, (todavia) fazendo-a, tira maior proveito e mérito, pela maior dor atual de todos os pecados e malícias de toda a vida.

A segunda, como em tais exercícios espirituais se conhecem mais intimamente os pecados e a malícia deles, do que no tempo em que o homem se não dava deste modo às coisas internas, alcançando agora maior conhecimento e dor deles, haverá maior proveito e mérito do que antes houvera.

A terceira é que, estando uma pessoa mais bem confessada e disposta, consequentemente, se acha mais apta e mais aparelhada para receber o SS. Sacramento, cuja recepção não somente ajuda a que ela não caia em pecado, mas ainda a se conservar no aumento da graça. Tal confissão geral melhor se fará imediatamente depois dos exercícios da primeira semana.

A comunhão

A terceira (vantagem da confissão geral) é que, estando uma pessoa mais bem confessada e disposta, consequentemente se acha mais apta e mais aparelhada para receber o SS. Sacramento, cuja recepção não somente a ajuda a não cair em pecado, mas ainda a conservar-se no aumento da graça.

Tríplice pecado
Primeiro exercício

O primeiro exercício é a meditação (a fazer) com as três potências (da alma) sobre o primeiro, segundo e terceiro pecado. Contém em si, depois de uma oração preparatória e dois prelúdios, três pontos principais e um colóquio.

A oração preparatória é pedir graça a Deus, nosso Senhor, para que todas as minhas intenções, ações e operações sejam dirigidas ao serviço e louvor de sua divina Majestade.

O primeiro prelúdio é a viva composição (representação) do lugar. Aqui é de notar, que na contemplação ou meditação (sobre um objeto) visível, por exemplo contemplar a Cristo, nosso Senhor, que é visível, a composição será ver com a vista da imaginação o lugar corpóreo onde se acha a coisa que quero contemplar. Digo o lugar corpóreo, por exemplo, um templo ou monte, onde se acha Jesus Cristo ou Nossa Senhora, segundo o que quero contemplar. Na (meditação sobre uma coisa) invisível, como é aqui dos pecados, a composição será ver com a vista imaginativa e considerar que a minha alma está encarcerada neste corpo corruptível, e todo o composto neste vale como desterrado entre brutos animais; digo todo o composto de alma e corpo.

O segundo (prelúdio) é pedir a Deus, nosso Senhor, o que quero e desejo. A petição há de ser segundo a proposta matéria, a saber, se a contemplação é da ressurreição, (precisa-se) pedir gozo com Cristo gozoso; se é da paixão, (é preciso) pedir dores, lágrimas e tormento com Cristo atormentado; aqui (nesta meditação sobre os pecados) será pedir pudor e confusão de mim mesmo, vendo quantos têm sido condenados por um só pecado mortal, e quantas vezes eu merecia ser condenado para sempre por meus inúmeros pecados.

Antes de todas as contemplações ou meditações se devem fazer sempre a oração preparatória, que se não muda, e os dois prelúdios já mencionados, que algumas vezes se mudam segundo a matéria proposta.

O **primeiro ponto** será atrair a memória ao primeiro pecado, que foi o dos anjos, e logo a ele o entendimento discorrendo; logo à vontade, querendo tudo isto recordar e entender para mais me envergonhar e confundir, comparando o único pecado dos anjos com tantos pecados meus, e (considerando), como, por um pecado, foram eles ao inferno, quantas vezes eu o tenho merecido por tantos. Digo trazer à memória o pecado dos anjos, como, sendo eles criados (constituídos) em graça, não querendo ajudar-se com sua liberdade para prestar reverência e obediência a seu Criador e Senhor, caindo em soberba, foram convertidos de graça em malícia, e lançados do céu ao inferno; e assim depois discorrer mais em particular com o entendimento, e em seguida excitando mais os afetos com a vontade.

O **segundo**, fazer outro tanto, a saber, aplicar as três potências ao pecado de Adão e Eva, trazendo à memória como por tal pecado fizeram por tanto tempo penitência e quanta corrução invadiu o gênero humano, indo tantos para o inferno. Digo trazer à memória o segundo pecado, de nossos pais, como depois que Adão foi criado no campo Damasceno, e posto no paraíso terreal, e Eva foi criada de sua costela, sendo-lhes vedado comer da árvore da ciência, e eles comendo, e, assim mesmo, pecando; e depois, vestidos de túnicas de peles, expulsos do paraíso, viveram sem a justiça original, que haviam perdido, toda a sua vida em muitos trabalhos e muita penitência; e em seguida discorrer com o entendimento, mais particularmente, e usando da vontade, como está dito.

O **terceiro**, do mesmo modo fazer outro tanto acerca do terceiro pecado particular, de qualquer pessoa que por um pecado mortal foi ao inferno; e muitos outros sem conta (são condenados) por menos pecados do que eu tenho cometido. Digo fazer outro tanto acerca do terceiro pecado particular, trazendo à memória a gravidade e malícia do pecado contra seu Criador e Senhor; discorrer com o entendimento, como (tal pessoa) pecando e agindo contra a bondade infinita, justamente tem sido condenada para sempre; e concluir com a vontade, como está dito.

Colóquio: Imaginando a Cristo, nosso Senhor, presente e posto na cruz, fazer (com ele) um colóquio, como de Criador veio a fazer-se homem, e da vida eterna à morte temporal, e assim a morrer por meus pecados. Outro tanto olhando para mim mesmo (perguntar), o que tenho feito por Cristo, o que faço por Cristo, que devo fazer por Cristo, e vendo-o assim maltratado, e assim pregado na cruz, discorrer pelo (afeto) que se oferecer.

O colóquio se faz, propriamente falando, assim como um amigo fala a outro, ou um servo a seu senhor, ora pedindo alguma graça, ora culpando-se de algum mal feito, ora comunicando os seus cuidados, e pedindo conselho sobre eles, e dizer um **Pai-nosso**.

Segundo exercício

O segundo exercício é a mediação sobre os pecados, e contém em si, depois da oração preparatória e dois prelúdios, cinco pontos e um colóquio.

A oração preparatória seja a mesma.

O primeiro prelúdio será a mesma composição. (Imaginemos a nossa alma toda manchada de pecados, encarcerada no corpo, na jaula das bestas ferozes de nossas paixões).

O segundo é pedir o que quero: será aqui pedir uma crescente e intensa dor, e lágrimas de meus pecados. (Luz para conhecermos o número e a gravidade dos nossos pecados, e graça de nos excitarmos uma grande e intensa dor e lágrimas deles. Com Jr 9,1: "Quem dará água à minha cabeça, e uma fonte de lágrimas aos meus olhos? E eu chorarei de dia e de noite". Sl 118,136: "Rios de lágrimas derramaram os meus olhos, por não terem guardado a vossa lei").

O primeiro ponto

É o processo dos pecados, a saber, trazer à memória todos os pecados da vida, descobrindo-os de ano em ano, ou de tempo em tempo. Para isto ajudam três coisas: a primeira, considerar o lugar e a casa onde morava; a segunda, a conversação que tenho tido com outros; a terceira, a profissão que tenho exercido.

O segundo ponto

Ponderar os pecados, considerando a fealdade e a malícia que cada pecado mortal cometido tem em si, posto que não fosse vedado.

O terceiro (ponto)

Considerar **quem sou eu**, diminuindo-me, por exemplo: 1º Quanto sou eu em comparação de todos os homens; 2º Que coisa são os homens em comparação de todos os anjos e santos do paraíso; 3º Considerar o que são todas as coisas criadas em comparação de Deus; portanto, eu sozinho que posso ser? 4º Considerar toda a minha corrupção e fealdade corpórea; 5º Considerar-me como uma chaga e postema, donde pululam tantos pecados e tantas maldades e peçonha tão torpíssima.

O quarto (ponto)
Considerar quem é **Deus**, contra o qual tenho pecado, segundo os seus atributos, comparando-os com os seus contrários em mim: sua sabedoria com minha ignorância, sua onipotência com minha fraqueza, sua justiça com minha iniquidade, sua bondade com minha malícia.

O quinto (ponto)
Exclamação **admirativa** com crescido afeto, discorrendo por todas as criaturas, como me tem deixado com vida e conservado nela: os anjos, sendo o gládio da justiça divina, como me têm suportado e guardado e rogado por mim; os santos, como têm cuidado de interceder e rogar por mim; e os céus, sol, lua, estrelas e elementos, frutos, aves, peixes e animais (como me serviram e não se revoltaram contra mim), e a terra, como não se tem aberto para me tragar, criando novos infernos para eu eternamente penar neles.

Findar com um colóquio de misericórdia, raciocinando e dando graças a Deus, nosso Senhor, porque me tem dado vida até agora, e propondo emendar-me para o futuro com a sua graça. **Pai-nosso**. Imitação de Cristo I, 21.

Terceiro exercício
O terceiro exercício é repetição do primeiro e segundo exercícios, fazendo três colóquios.

Depois da oração preparatória e dois prelúdios, repetirei o primeiro e segundo exercício, notando e fazendo pausa nos pontos em que senti maior consolação ou desconsolação, ou maior sentimento espiritual. Em seguida farei três colóquios da maneira que segue:

O primeiro colóquio a Nossa Senhora, para que me alcance graça de seu Filho e Senhor para três coisas: – a primeira, para que sinta interno conhecimento de meus pecados, e aborrecimento deles; – a segunda, para que sinta a desordem de minhas operações, a fim de, aborrecendo-a, emendar-me e me pôr em ordem; – a terceira, para pedir conhecimento do mundo, para que, aborrecendo-o, aparte de mim as coisas mundanas e vãs. E, em seguida, uma **Ave-Maria**.

O segundo, outro tanto ao Filho, para que me alcance (o mesmo) do Pai, e depois disto a **Alma de Cristo**.

O terceiro, outro tanto ao Pai, para que o mesmo Senhor eterno me conceda, e em seguida um **Pai-nosso**.

Quarto exercício

O quarto exercício é resumo deste terceiro.

Disse "resumo", para que o entendimento, sem divagar, discorra assiduamente pela reminiscência sobre as coisas contempladas nos exercícios passados; e fazendo os mesmos três colóquios.

Quinto exercício

Quinto exercício é a meditação sobre o inferno; contém em si, depois da oração preparatória e dois prelúdios, cinco pontos e um colóquio.

A oração preparatória seja a costumada.

O primeiro prelúdio é a composição (do lugar), que é aqui ver com os olhos da imaginação o comprimento, largura e profundidade do inferno.

O segundo, pedir o que quero; será aqui pedir interno sentimento da pena que padecem os condenados, para que, se do amor do Senhor eterno me olvidar por minhas faltas, ao menos o temor das penas me ajude a não cair em pecado.

O primeiro ponto
Será ver com a vista da imaginação os grandes fogos, e as almas como em corpos ígneos.

O segundo (ponto)
Escutar com os ouvidos (da imaginação) os prantos, alaridos, clamores, blasfêmias contra Cristo, nosso Senhor, e contra todos os seus santos.

O terceiro (ponto)
Perceber com o olfato (da imaginação) fumo, enxofre, sentina (cloaca) e coisas pútridas.

O quarto (ponto)
Sentir com o gosto (da imaginação) coisas amargas, assim como lágrimas, tristeza, e o verme da consciência.

O quinto ponto
Tocar com o tato (da imaginação), a saber, como os fogos tocam e abrasam as almas.

Fazendo **um colóquio** a Cristo, nosso Senhor, trazer à memória as almas que estão no inferno, umas porque não creram na (sua) vinda; outras, porque, crendo, não procederam segundo os seus mandamentos; fazendo três classes (de almas condenadas): a primeira antes da vinda (do Senhor); a segunda durante sua vida; a terceira depois da sua vida neste mundo; e ao mesmo tempo dar-lhe graças, porque não me tem deixado cair em nenhuma destas (classes), acabando minha vida. Igualmente, como até agora sempre tem tido de mim tanta piedade e misericórdia; terminando com um **Pai-nosso**.

Meditações suplementares

O I exercício se fará à meia-noite; o II, logo ao levantar-se, na madrugada; o III, antes ou depois da missa, em todo o caso, que seja antes do almoço; o IV, à hora de vésperas; o V, uma hora antes de cear (jantar). Esta repetição de horas, mais ou menos (sempre a entendo para todas as quatro semanas, segundo a idade e disposição espiritual e corporal), ajuda a pessoa que se exercita a fazer os cinco exercícios, ao menos.

Adições

Adições para melhor fazer os exercícios, e para melhor achar o que se deseja.

A **primeira adição** é que, depois de me ter metido na cama, quando já quero dormir, por espaço de uma **Ave-Maria**, pensarei na hora em que me tenho de levantar, e para quê? resumindo o exercício que tenho de fazer.

A **segunda**, quando acordar, não darei lugar a uns nem a outros pensamentos, mas logo dirigirei a mente para o que vou contemplar no primeiro exercício da meia-noite, procurando confundir-me com tantos pecados meus, propondo-me exemplos; assim como se um cavalheiro se achasse diante do seu rei e de toda a sua corte, envergonhado e confundido por havê-lo muito ofendido, de quem anteriormente recebera muitos dons e muitas mercês. Do mesmo modo (procederei) ao segundo exercício, reputando-me pecador grande e encadeado, a saber, que vou, ligado como com cadeias, aparecer diante do sumo Juiz eterno, propondo-me, por exemplo, como os encarcerados e encadeados, já dignos de morte, comparecem diante do seu juiz temporal; e com estes pensamentos ou com outros, conforme a proposta matéria (da meditação), me vestirei.

A **terceira**, um ou dois passos antes do lugar, onde tenho de contemplar ou meditar, pôr-me-ei de pé por espaço de um **Pai-nosso**, a mente levantada ao alto, considerando como Deus, nosso Senhor, me observa etc., e fazer uma reverência ou humilhação.

A **quarta**, entrarei na contemplação, ora de joelhos, ora prostrado em terra, ora deitado de costas com o rosto para cima, umas vezes assentado, outras vezes de pé, andando sempre a buscar o que quero. Advertiremos em duas coisas: a primeira é que, se me acho de joelhos, o que quero, não passarei adiante; e se prostrado, assim mesmo etc.; a segunda, no ponto em que me acharei o que quero, aí me demorarei, sem ter ânsia de passar adiante, até que me satisfaça.

A **quinta**, depois de acabado o exercício, por espaço dum quarto de hora, quer assentado, quer passeando, refletirei em como se passou a minha contemplação ou meditação; e se mal, indagarei a causa donde (isto) procede; e assim conhecida (a causa) me arrependerei, para me emendar para o futuro; e se bem, darei graças a Deus, nosso Senhor, e farei outra vez da mesma maneira.

A **sexta**, não quero pensar em coisas de prazer nem de alegria, como na glória (celeste), na ressurreição etc.; porque, para sentir pena, dor, e lágrimas por nossos pecados, impede qualquer consideração de gozo e alegria;

mas (preciso) ter em vista que quero sentir dor e pena, e (por isso) antes trazer à memória a morte, o juízo.

A **sétima**, para o mesmo efeito, privar-me-ei de toda a claridade, cerrando as janelas e portas enquanto estiver no cubículo, se não for para rezar (o ofício divino ou preces), ler e comer.

A **oitava**, não rirei nem direi coisa que provoque o riso.

A **nona**, refrearei os olhos (para não os fitar em ninguém), à exceção de receber ou despedir a pessoa com quem houver de falar.

A **décima adição** versa sobre a penitência, que se divide em interna e externa. A **interna** é doer-se de seus pecados, com o firme propósito de não mais cometer aqueles nem outros alguns. A **externa**, ou fruto da primeira, é castigo dos pecados cometidos, e se resume principalmente de três maneiras:

A **primeira** é acerca do comer; isto é, quando tiramos o supérfluo, não é penitência, mas temperança; penitência é quando subtraímos algo de conveniente, e quanto mais e mais (tiramos), tanto maior e melhor é (ela), contanto que não se estrague a natureza, nem se siga notável fraqueza.

A **segunda** refere-se ao modo de dormir; e igualmente não é penitência tirar o supérfluo de coisas delicadas ou moles; mas é penitência, quando, no modo (de dormir), se subtrai do conveniente; e quanto mais e mais, tanto melhor, contanto que não se estrague a natureza, nem se siga fraqueza notável; nem tão pouco se abrevie o sono conveniente, a não ser que se tenha o hábito vicioso de dormir demais, para chegar ao termo médio.

A **terceira** consiste em castigar a carne; a saber: causando-lhe dor sensível, a qual se dá trazendo cilícios, ou cordas ásperas, ou cintos de ferro sobre as carnes, flagelando-se, e outras maneiras de austeridades. O que parece mais cômodo e mais seguro da penitência é que a dor seja sensível nas carnes, e que não entre dentro dos ossos, de maneira que dê dor e não enfermidade; por isso parece que é mais conveniente flagelar-se com cordas delgadas, que causam dor somente externa, do que de outra maneira que cause enfermidade interna que seja notável.

A **primeira nota** é que as penitências externas fazem-se principalmente para (conseguir) três efeitos: o I, para satisfazer pelos pecados passados; o II, para vencer-se a si mesmo; a saber: para que a sensualidade obedeça à razão, e todas as partes inferiores estejam mais sujeitas às superiores; o III, para buscar e achar alguma graça ou dom que a pessoa quer ou deseja; por exemplo, se deseja obter interna contrição de seus pecados, ou chorar muito sobre eles, ou sobre as penas, e dores que Cristo, nosso Senhor, passou em sua paixão; ou para solver alguma dúvida em que a pessoa se acha.

A **segunda**: É de advertir que a primeira e a segunda adição se hão de fazer para os exercícios da meia-noite, e na madrugada, e não para os que se farão em outros tempos. E a quarta adição nunca se fará na igreja diante de outros, senão às escondidas, como em casa etc.

A **terceira**: Quando a pessoa que se exercita ainda não acha o que deseja, por exemplo, lágrimas, consolações etc., muitas vezes aproveita fazer mudança no comer, no dormir e em outros modos de fazer penitência; de maneira que alternativamente façamos penitência dois ou três dias, e outros dois ou três não; porque a alguns convém fazer mais penitência, e a outros menos; e também porque muitas vezes deixamos de fazer penitência pelo amor sensual, e por um juízo errôneo que a natureza humana não poderá tolerá-la sem notável enfraquecimento; e algumas vezes, pelo contrário, fazemos demais, pensando que o corpo possa aguentá-lo; e como Deus, nosso Senhor, é infinito, conhece melhor a nossa natureza, muitas vezes em tais mudanças, dá a sentir a cada um o que lhe convém.

A **quarta**: O exame particular se faça para remover faltas e negligências acerca dos exercícios e adições; e assim na segunda, terceira e quarta semana.

Segunda semana
Imitação de cristo

Reino de Cristo
A chamada de um rei temporal ajuda a contemplar a vida do Rei eterno.

A oração preparatória seja a costumada.

O primeiro prelúdio é a viva representação do lugar: será aqui ver com a vista imaginativa as sinagogas, vilas e aldeias, em que Cristo nosso Senhor pregava (Mt 9, 35: "Jesus ia percorrendo todas as cidades e aldeias, ensinando nas sinagogas, e pregando o Evangelho do reino").

O segundo é pedir a graça que quero; será aqui suplicar a nosso Senhor a graça para que não seja eu surdo ao seu convite, mas prestes e diligente para cumprir a sua santíssima vontade.

A. Primeira parte: Parábola do rei temporal
O I ponto é pôr ante os meus olhos um rei humano, eleito pelo próprio Deus, nosso Senhor, a quem prestam reverência e obedecem todos os príncipes e todos os homens cristãos.

O segundo é considerar como este rei fala a todos os seus, dizendo: É minha vontade conquistar toda a terra dos infiéis; portanto, quem quiser vir comigo há de estar contente de comer como eu, e assim de beber e vestir etc.; do mesmo modo como eu, há de trabalhar de dia e velar à noite etc., para que assim depois tenha parte comigo na vitória como a tem tomado nos trabalhos.

O **terceiro** é considerar o que os bons súditos devem responder a um rei tão liberal e tão humano; e, por conseguinte, se algum não aceitasse o convite de tal rei, quanto seria digno de ser vituperado por todo o mundo, e tido por perverso cavalheiro.

A segunda parte deste exercício consiste em aplicar o sobredito exemplo do rei temporal a Cristo, nosso Senhor, conforme aos três pontos referidos.

E quanto ao primeiro ponto, (A), se ao citado convite, feito pelo rei temporal aos seus súditos, julgamos (digno de nossa atenção), quanto mais digno de consideração é ver a Cristo, nosso Senhor, e diante dele todo o mundo universo, (B) ao qual e a cada um em particular chama e diz: É minha vontade conquistar todo o mundo e todos os inimigos, e assim entrar na glória de meu Pai; portanto, quem quiser vir comigo há de trabalhar comigo, para que, seguindo-me na fadiga, também me siga na glória.

B. Segunda parte: Plano de Cristo Rei

A todo o mundo e a cada um em particular chama e diz: "É minha vontade...".

Como seguiremos a Cristo Rei?

O segundo (ponto) é considerar que todos que tiverem juízo e razão, inteiramente se oferecerão ao trabalho.

O terceiro (ponto), os que quiserem dedicar maior afeto e assinalar-se no serviço de seu eterno Rei e Senhor universal, não só oferecerão as suas pessoas ao trabalho, mas ainda, agindo contra a sua própria sensualidade e contra o seu amor carnal e mundano, farão oblações de maior apreço e de maior valor, dizendo: "Eterno Senhor...".

Eterno Senhor de todas as coisas, eu faço a minha oblação, com vosso favor e auxílio, diante da vossa infinita bondade, e à vista de vossa gloriosa Mãe, e de todos os santos e santas da corte celestial, (atestando) que eu quero e desejo, e é minha resolução deliberada, contanto que seja o vosso maior serviço e louvor, imitar-vos em passar todas as injúrias e todo o vitupério, e toda a pobreza, tanto real como espiritual, se vossa santíssima Majestade me quiser escolher e receber para tal vida e estado.

Este exercício se fará duas vezes no dia, a saber: de madrugada, depois de levantar-se, e uma hora antes de jantar ou de cear. Imitação de Cristo I, 1; II, 7.

Leitura espiritual
Para a segunda semana, e assim por diante; é muito útil ler por alguns momentos nos livros da Imitação de Cristo, ou dos Evangelhos e vidas de santos.

Primeiro dia

Encarnação
O primeiro dia e a primeira contemplação é da Encarnação, e contém em si a oração preparatória, três prelúdios e três pontos, e um colóquio.

A costumada oração preparatória.

I prelúdio – recordar a história da coisa que tenho de contemplar; que é, aqui: como as três pessoas divinas observam toda a planície e redondeza de todo o mundo repleto de homens. E como, vendo que todos descem ao inferno, determinam na sua eternidade que a segunda pessoa se faça homem para salvar o gênero humano, e assim, vinda a plenitude dos tempos, enviam o anjo São Gabriel a Nossa Senhora. (Vejam-se mais adiante – depois da IV semana – "Os mistérios da vida de Cristo, nosso Senhor").

II prelúdio – a viva representação do lugar: aqui será ver a grande capacidade e redondeza do mundo, na qual estão tantas e tão diversas gentes; do mesmo modo depois particularmente a casa e os aposentos de Nossa Senhora na cidade de Nazaré, na província de Galileia.

O **III**, pedir o que quero: será aqui pedir íntimo conhecimento do Senhor, que por mim se fez homem, para que mais o ame e siga.

Convém aqui notar que esta mesma oração preparatória, sem mudá-la, como está dito no princípio, e os mesmos três prelúdios se hão de fazer nesta semana e nas outras seguintes, mudando a forma segundo o atual assunto.

O **I ponto** (de vista) é ver as pessoas, umas e outras: **primeiro** as (que vivem) sobre a face da terra, em tanta diversidade assim nos trajes como nos gestos: umas brancas e outras negras; alguns homens em paz e outros em guerra; uns chorando e outros rindo; uns sãos e outros enfermos; uns nascendo e outros morrendo etc.; **segundo**, ver e considerar as três pessoas divinas como, no seu sólio real ou trono da divina Majestade, observam toda a face e redondeza da terra, e todas as gentes em tanta cegueira, e como morrem e descem ao inferno; **terceiro**, ver Nossa Senhora e o anjo que a saúda; e refletir para tirar proveito de tal vista.

O **II** (ponto de vista), ouvir o que falam as pessoas sobre a face da terra, a saber, como falam uns com outros, como juram e blasfemam etc.; do mesmo modo o que dizem as pessoas divinas, a saber: Façamos a redenção do gênero humano etc., e depois o que dizem o anjo e Nossa Senhora, e refletir depois para tirar proveito das suas palavras.

O **III** (ponto de vista), observar depois o que fazem as pessoas sobre a face da terra: assim como ferir, matar, ir ao inferno etc.; do mesmo modo o que fazem as pessoas divinas, operando a santíssima Encarnação etc.; e assim também o que fazem o anjo e Nossa Senhora: o anjo fazendo seu ofício de embaixador, e Nossa Senhora humilhando-se e dando graças à divina Majestade, e depois refletir para tirar algum proveito de cada uma destas coisas.

No fim, há de fazer-se um **colóquio**, pensando no que se deve dizer às três pessoas divinas ou ao Verbo eterno encarnado, ou à Mãe e Senhora nossa, pedindo (cada um) segundo o que sentir em si, para mais seguir e imitar nosso Senhor, que, como se fosse agora, encarnou. Ao mesmo tempo se diz um **Pai-nosso**.

Nascimento

A segunda contemplação é sobre o nascimento.

A costumada oração preparatória.

O **I prelúdio** é a história; e será aqui como de Nazaré saíram Nossa Senhora, grávida quase de nove meses, e montada em um jumento, como se pode meditar piamente, e José..., levando um boi para ir a Belém pagar o tributo que César lançou em todas aquelas terras.

O **II**, viva representação do lugar; será aqui com a vista imaginativa ver o caminho desde Nazaré a Belém, considerando a extensão, a largura, e se tal caminho é plano, ou se vai por vales ou encostas; do mesmo modo olhando o lugar e gruta do nascimento, quão grande, quão pequena, quão baixa, quão alta, e como estava aparelhada.

O **III** será o mesmo, e pela mesma forma que foi na precedente contemplação.

O **I ponto** é ver as pessoas, a saber, a Nossa Senhora, José... e o Menino Jesus depois de nascido, fazendo-me eu um pobrezinho e indigno criado, mirando-os, contemplando-os e servindo-os no que precisam, como se presente me achasse, com todo o acatamento e reverência possível, e depois refletir em mim mesmo para tirar algum proveito.

O **II**, considerar, advertir e contemplar sobre o que falam, e, refletindo em mim mesmo, tirar algum proveito.

O **III**, mirar e considerar o que fazem, como, por exemplo, é viajar e fatigar-se, para que o Senhor seja nascido em suma pobreza; e, depois de tantos trabalhos, de fome, de sede, de calor e de frio, de injúrias e afrontas, morrer na cruz, e tudo isto por mim; depois, refletindo, tirar algum proveito espiritual.

Findar com um **colóquio** do mesmo modo como na precedente contemplação, e com um **Pai-nosso**.

A **terceira contemplação** será a repetição do primeiro e segundo exercícios.

Depois da oração preparatória e dos três prelúdios, far-se-á a repetição do primeiro e segundo exercícios, notando sempre algumas partes mais precípuas, em que se haja sentido algum conhecimento, consolação ou aridez, fazendo igualmente um colóquio no fim e um **Pai-nosso**.

Nesta repetição e em todas as seguintes, observar-se-á a mesma ordem de proceder que se seguia nas repetições da primeira semana, mudando o assunto e guardando a forma.

A **quarta contemplação** será a repetição da primeira e segunda, da mesma maneira que é feita na sobredita (precedente) repetição.

A **quinta contemplação** será a aplicação dos cinco sentidos à primeira e segunda contemplação.

Depois da oração preparatória e dos três prelúdios, é proveitoso passar os cinco sentidos da imaginação pela primeira e segunda contemplação, da maneira seguinte:

O I ponto é ver com a vista imaginativa as pessoas, meditando e contemplando em particular as suas circunstâncias, e tirando algum proveito da vista.

O II, perceber com o ouvido o que falam ou podem dizer, e, refletindo em si mesmo, tirar disto algum proveito.

O III, cheirar e gostar com o olfato e com o gosto a infinita suavidade e doçura da divindade, da alma e de suas virtudes, e de tudo, segundo for a pessoa a que se contempla, refletindo em si mesmo, e tirando disto proveito.

O IV, tocar com o tato, por exemplo abraçar e beijar os lugares onde tais pessoas pisam e se assentam, sempre procurando tirar disto proveito.

Acabar-se-á com um colóquio como na primeira e segunda contemplação, e com um **Pai-nosso**.

Notas para a segunda semana

I nota: Para toda esta semana e as outras seguintes, é de advertir que somente tenho de ler o mistério da contemplação que imediatamente hei de fazer, de maneira que, por então, não leia nenhum mistério que naquele dia ou naquela hora não haja de contemplar, para que a consideração de um mistério não estorve a consideração de outro.

II: O primeiro exercício da Encarnação se fará à meia-noite; o segundo, ao amanhecer; o terceiro, à hora de missa; o quarto, à hora de vésperas, e o quinto, antes da hora de cear, estando por espaço de uma hora em cada um dos cinco exercícios, e a mesma ordem observar-se-á em todos os seguintes.

III: Se a pessoa que faz os exercícios é velha, ou débil, ou, ainda que forte, ficar desde a primeira semana em alguma maneira débil, é de advertir que é melhor que nesta segunda semana, ao menos algumas vezes, não se levantando à meia-noite, faça de madrugada uma contemplação, e outra à hora da missa, e outra antes de comer, e sobre elas uma repetição à hora de vésperas, e depois a aplicação dos sentidos antes da ceia.

IV: Nesta segunda semana, em todas as dez adições que foram mencionadas na primeira semana, se hão de mudar a 2ª, a 6ª, a 7ª, e, em parte, a 10ª.

A segunda será: Logo ao despertar, apresente ao meu espírito a contemplação que tenho de fazer, desejando conhecer mais o Verbo eterno encarnado, para mais o servir e seguir.

E a sexta será: Trarei frequentemente à memória a vida e os mistérios de Cristo nosso Senhor, começando da sua encarnação até ao lugar ou mistério que vou contemplando.

E a sétima será: A pessoa que se exercita deve cuidar em admitir tanto obscuridade ou claridade, usar da boa ou adversa temperatura, quanto sentir que a pode servir e ajudar para achar o que ela deseja.

E na décima adição: O que se exercita deve haver-se conforme os mistérios que contempla, porque alguns pedem penitência e outros, não. Desta maneira sejam observadas com muito cuidado todas as dez adições.

V nota: Em todos os exercícios, menos no da meia-noite e no da madrugada, se tomará o equivalente da segunda adição, da maneira que se segue: Logo ao recordar-me de que chegou a hora do exercício que tenho de fazer, porei, antes de começá-lo, diante dos olhos, aonde vou, diante de quem compareço, resumirei um pouco o exercício que tenho de fazer, e depois, observando a terceira adição, entrarei no exercício.

Segundo dia
O segundo dia, tomar para a primeira e segunda contemplação a apresentação no Templo, e a fugida para o Egito como em desterro, e sobre essas duas contemplações far-se-ão duas repetições e a aplicação dos cinco sentidos a elas, da mesma maneira que se fez no dia precedente.

Algumas vezes é útil, contanto que o que se exercita seja robusto e disposto, variar desde este segundo dia até o quarto inclusivamente, para melhor achar o que se deseja, tomando só uma contemplação ao amanhecer, e à hora de vésperas, e aplicação dos sentidos antes da ceia.

Terceiro dia

O terceiro dia, como o Menino Jesus era obediente a seus pais em Nazaré, e como depois o acharam no Templo, e assim em seguida fazer as duas repetições e a aplicação dos cinco sentidos.

Preâmbulo para considerar estados

Depois de termos já considerado o exemplo que Cristo, nosso Senhor, nos deu para o primeiro estado, que consiste na observância dos mandamentos, estando ele debaixo da obediência de seus pais; e do mesmo modo para o segundo (estado), que consiste na perfeição evangélica, quando ficou no Templo, separando-se de seu pai adotivo e de sua Mãe verdadeira para dedicar-se unicamente ao serviço de seu eterno Pai; começaremos, sem deixar de contemplar a sua vida, a investigar e a pedir, em que vida ou estado sua divina Majestade queira servir-se de nós outros.

E assim, para alguma introdução nisto, veremos, no primeiro exercício seguinte, a intenção de Cristo, nosso Senhor, e, pelo contrário, a do inimigo da natureza humana; e como devemos dispor-nos para chegar à perfeição, em qualquer estado ou vida que Deus, nosso Senhor, nos der para escolher.

Quarto dia

Duas bandeiras

O quarto dia – meditação sobre duas bandeiras: uma de Cristo, supremo chefe e Senhor nosso; outra de Lúcifer, mortal inimigo da nossa natureza humana.

A costumada oração preparatória.

O primeiro prelúdio é a história; será aqui: como Cristo chama e quer congregar a todos debaixo da sua bandeira, e Lúcifer, de contrário, debaixo da sua.

O segundo, viva representação do lugar; será aqui ver um grande campo de toda aquela região de Jerusalém, onde o supremo capitão general dos bons é Cristo nosso Senhor; outro campo na região de Babilônia, onde o caudilho dos inimigos é Lúcifer.

O terceiro, pedir o que quero, e será aqui pedir conhecimento dos enganos do meu caudilho, e ajuda para deles me guardar: e conhecimento da vida verdadeira que mostra o supremo e verdadeiro capitão, e graça para o imitar.

I. Primeira parte: a bandeira de lúcifer

O primeiro ponto é imaginar como se o caudilho de todos os inimigos, naquele grande campo de Babilônia, se assentasse, por assim dizer, em uma grande cadeira de fogo e fumo, em figura horrível e espantosa.

O segundo, considerar como ele convoca inumeráveis demônios e os espalha, a uns em tal cidade e a outros em outra, e assim por todo o mundo, sem omitir províncias, lugares, estado nem pessoa alguma em particular.

O terceiro, considerar a arenga que lhes faz e como os provoca a lançar redes e cadeias; que primeiro seduzam à cobiça de riquezas, como ele as mais das vezes costuma fazer, para que mais facilmente venham à vanglória do mundo, e depois à crescida soberba; de maneira que o primeiro grau seja de riquezas, o segundo de honra, o terceiro de soberba, e destes três graus (Lúcifer) induz a todos os outros vícios.

II. Segunda parte: a bandeira de Jesus Cristo

Do mesmo modo, pelo contrário, se há de imaginar o supremo e verdadeiro capitão, que é Cristo, nosso Senhor.

O primeiro ponto é considerar como Cristo, nosso Senhor, formoso e gracioso, se põe em um grande campo daquela região de Jerusalém, em lugar humilde.

O segundo, considerar como o Senhor de todo o mundo escolhe tantas pessoas, apóstolos, discípulos etc. e os envia por todo o mundo, para propagar a sua sagrada doutrina por todos os estados e condições de pessoas.

O terceiro, considerar a alocução que Cristo, nosso Senhor, faz a todos os seus servos e amigos que a tal jornada envia, recomendando-lhes que a todos queiram ajudar para conduzi-los primeiro à suma pobreza espiritual e, se sua divina Majestade for servida e os quiser escolher, não menos à pobreza atual; segundo, ao desejo de opróbrios e menosprezos, porque destas duas coisas resulta a humildade; de maneira que sejam três graus: o primeiro, pobreza contra riqueza; o segundo, opróbrio ou menosprezo contra a honra mundana; o terceiro, humildade contra a soberba; e destes três graus induzam (os homens) a todas as outras virtudes.

Um colóquio com Nossa Senhora, para que me alcance de seu Filho e Senhor a graça de ser eu recebido debaixo da sua bandeira; e primeiro em suma pobreza espiritual, e, se sua divina Majestade for servida e me quiser escolher e receber não menos na pobreza atual; segundo, em passar opróbrios e injúrias para nelas mais o imitar, contanto que as possa sofrer sem pecado de nenhuma pessoa nem desagrado de sua divina Majestade, e com isto recitarei uma **Ave-Maria**.

Pedir outro tanto ao Filho para que me alcance do Pai, e com isto rezar Alma de Cristo.

Pedir outro tanto ao Pai para que ele me conceda, e dizer um **Pai-nosso**.

Este exercício se fará à meia-noite, e depois outra vez de madrugada, e se farão duas repetições deste mesmo (assunto) à hora de missa, e à hora de vésperas, sempre concluindo com os três colóquios com Nossa Senhora, com o Filho e com o Pai; e o (exercício) dos binários que se segue (se fará) à hora antes de cear.

No mesmo quarto dia se faça meditação sobre três binários (classes) de homens, para abraçar o melhor.

A costumada oração preparatória.

O primeiro prelúdio é a história, a qual é de três binários (classes) de homens, e cada um deles tem adquirido dez mil ducados, não pura ou devidamente por amor de Deus; querem todos salvar-se, e achar em paz a Deus, nosso Senhor, tirando de si o peso e impedimento que para isto encontram na afeição à coisa adquirida.

O segundo, viva representação do lugar; será aqui ver a mim mesmo, como estou diante de Deus, nosso Senhor, e de todos os seus santos, para desejar e conhecer o que seja mais agradável à sua divina bondade.

O terceiro, pedir o que quero; aqui será pedir a graça para escolher o que mais seja para a glória de sua divina Majestade e salvação de minha alma.

I. *A primeira classe*

O primeiro binário quisera livrar-se do afeto que tem à coisa adquirida, para achar em paz a Deus, nosso Senhor, e poder salvar-se, e não emprega os meios até a hora da morte.

II. A segunda classe

O segundo (binário) quer livrar-se do afeto, mas de tal modo o quer deixar que fique com a coisa adquirida, de maneira que Deus venha para onde ele quer, e não se resolve a deixá-la para ir a Deus, ainda que fosse o melhor estado para ele.

III. A terceira classe

O terceiro (binário) quer tirar o afeto, mas assim o quer tirar que nenhuma predileção o determine a conservar a coisa adquirida ou a não guardá-la, mas está resolvido a querê-la ou a não querê-la somente, segundo Deus, nosso Senhor, lhe porá na vontade, e a tal pessoa lhe parecerá melhor para o serviço e louvor de sua divina Majestade; e por enquanto quer fazer de conta que afetivamente deixe tudo, esforçando-se por não querer aquela nem outra coisa alguma, se não o mover unicamente o serviço de Deus, nosso Senhor, de maneira que o desejo de melhor poder servir a Deus, nosso Senhor, o mova a tomar a coisa ou deixá-la.

Fazer os mesmos três colóquios que se fizeram na contemplação precedente sobre Duas bandeiras.

É de notar que, quando nós outros sentimos afeto ou repugnância contra a pobreza atual, quando não somos indiferentes acerca de pobreza ou riqueza, muito aproveita, para extinguir tal afeto desordenado, pedir nos colóquios (ainda que seja contra a carne) que o Senhor escolha a gente para a pobreza atual, e (protestar) que se a quer, pede e suplica, contanto que seja serviço e louvor da sua divina bondade.

Quinto dia

Ida ao Jordão e batismo de Jesus
O quinto dia, contemplação sobre a ida de Cristo, nosso Senhor, desde Nazaré ao Rio Jordão, e como foi batizado.

Esta contemplação se fará uma vez à meia-noite, e outra vez de madrugada; e duas repetições sobre ela, à hora de missa e vésperas; e antes da ceia aplicar-lhe os cinco sentidos em cada um destes cinco exercícios, prepondo a costumada oração preparatória e os três prelúdios, segundo o que de tudo isto está declarado na contemplação da encarnação e do nascimento; e acabando com (os colóquios) dos três binários, ou segundo a nota que se segue depois dos binários.

O exame particular, depois de comer e depois de cear, se fará sobre as faltas e negligências acerca dos exercícios e adições deste dia, e assim nos (dias) que se seguem.

Sexto dia

Jesus no deserto
O sexto dia, contemplação de como Cristo, nosso Senhor, foi desde o rio Jordão ao deserto, inclusivamente, observando-se em tudo a mesma forma como no quinto (dia). Mt 4,1-11; Mc 1,12-13; Lc 4,1-13.

Sétimo dia

Vocação dos apóstolos
Mt 4,18-22; 9,9; 10,1-4; Mc 1,15-20; 3,13-19; 2,14-15; Lc 5,1-11; 27-32; 6,12-16; Jo 1,35-51.

Oitavo dia

Sermão na montanha
O oitavo (dia), do sermão da montanha, que trata das oito bem-aventuranças.

Nono dia

Milagre no Lago Tiberíades
O nono (dia), como Cristo, nosso Senhor, apareceu a seus discípulos sobre as ondas do mar.

Décimo dia

Pregação no Templo
O décimo (dia), como o Senhor pregava no Templo.

Undécimo dia

Ressurreição de Lázaro
O undécimo (dia), da ressurreição de Lázaro. Jo 11.

Duodécimo dia

Entrada triunfal de Jesus em Jerusalém
O duodécimo (dia), do dia dos ramos. Mt 21,1-11; 14-17; Mc 11,1-11; Lc 19,29-44; Jo 12,12-19.

Primeira nota
A primeira nota é que, nas contemplações desta segunda semana, pode cada um, conforme quiser, empregar (mais ou menos) tempo, ou conforme fizer progressos, estender ou abreviar (a semana): se alongar, tomará ainda os mistérios da visitação de Nossa Senhora a Santa Isabel, os pastores, a circuncisão do Menino Jesus e os três reis, e assim outros; e, se abreviar, (pode) também omitir alguns dos que (acima) estão postos; porque isto é (só) dar uma introdução e modo para depois contemplar melhor e mais completamente.

Segunda (nota)
A matéria das escolhas começa com a contemplação (sobre a ida) de Nazaré ao Jordão, este incluído, isto é, no quinto dia; (porém se trata a matéria das escolhas) conforme se declara no seguinte.

Terceira nota
Antes de alguém entrar nas escolhas, é muito útil para afeiçoar-se à verdadeira doutrina de Cristo, nosso Senhor, considerar e ter em vista as seguintes três maneiras (espécies) de humildade, entretendo-se nelas por diversas vezes durante o dia todo e fazendo também os colóquios, como abaixo se dirá.

Imitação heroica de Cristo

Três graus de humildade

O I grau de humildade

A primeira espécie de humildade é necessária para a salvação eterna; a saber: que tanto me abata e tanto me humilhe quanto da minha parte seja possível, para que em tudo obedeça à lei de Deus, nosso Senhor; de tal sorte que, embora me fizessem senhor de todas as coisas criadas neste mundo, ou ameaçassem a minha vida temporal, nem sequer entre em deliberação de quebrantar um mandamento, quer divino quer humano, que me obrigue sob pecado mortal.

O II grau de humildade

A segunda espécie de humildade é mais perfeita que a primeira; a saber: se me encontro em tal disposição de ânimo que não quero nem prefiro ter antes riqueza que pobreza, apetecer honra mais que desonra, desejar antes vida longa que curta, contanto que eu sirva do mesmo modo a Deus, nosso Senhor, e salve igualmente a minha alma. Além disso, ainda quando se tratasse de ganhar o mundo todo, ou de salvar a minha própria vida, não vacilaria em rejeitar qualquer pensamento de cometer para esse fim um só pecado venial.

O III grau de humildade

A terceira espécie de humildade é perfeitíssima; a saber: quando, a primeira e segunda incluídas, sendo igual louvor e glória da divina Majestade, eu, para imitar e me tornar de fato mais semelhante a Cristo, nosso Senhor, quero e escolho pobreza com Cristo pobre, antes que riqueza; opróbrios com Cristo deles saturado, que honras; e desejo ser tido por inútil e insensato, por amor de Cristo, que primeiro foi considerado como tal, antes que passar por sábio e prudente aos olhos deste mundo.

Por isso, para quem deseja alcançar esta terceira humildade, é muito útil fazer os três colóquios dos binários já mencionados, pedindo que nosso Senhor o queira escolher para esta terceira, maior e melhor humildade, a fim de mais o imitar e servir, se for igual ou maior o serviço e o louvor da sua divina Majestade.

A escolha

I. Princípio

Preâmbulo para fazer escolha
Em toda boa escolha, quanto de nós depende, a mirada da nossa intenção deve ser simples, visando só o fim para o qual sou criado; a saber: para o louvor de Deus, nosso Senhor, e a salvação de minha alma. Por isso, qualquer coisa que eu escolher deve intentar ajudar-me ao fim para o qual sou criado, não subordinando nem trazendo o fim ao meio, mas o meio ao fim. Assim, por exemplo, acontece que muitos primeiro resolvem casar-se, o que é meio, e depois, como de ordem secundária, a servir a Deus, nosso Senhor, no matrimônio, o que, servir a Deus, é fim. Do mesmo modo há outros que primeiro querem possuir benefícios, e depois neles servir a Deus. Desta maneira, estes não vão direitos a Deus, mas querem que Deus venha direito a suas afeições desordenadas; e, por conseguinte, fazem do fim o meio, e do meio o fim; de sorte que, o que haviam de tomar primeiro, tomam posteriormente; porque primeiro havemos de pôr por objeto querer servir a Deus, o que é o fim, e, secundariamente, assumir o benefício, ou casar-me, se mais me convier, o que é o meio para o fim. Assim nenhuma coisa me deve mover a tomar tais meios, ou a privar-me deles, senão só o serviço e o louvor de Deus, nosso Senhor, e a salvação eterna de minha alma.

II. Objeto

Para tomar notícia de que coisas se deve fazer escolha, e contém em si quatro pontos e uma nota.

O I ponto: É necessário que todas as coisas, das quais queremos fazer escolha, sejam indiferentes, ou boas em si, e que se conformem com o ensino da santa madre Igreja hierárquica, e não más, nem repugnantes a ela.

II: Há algumas coisas que caem sob a escolha imutável, assim como são o sacerdócio, o matrimônio etc.; há outras que caem sob a escolha mudável, assim como são tomar benefícios, ou abandoná-los, aceitar bens temporais, ou renunciar-lhes.

III: Na escolha imutável, como já uma vez se tem feito escolha, não há mais que escolher, porque não se pode desatar, assim como é o matrimônio, o sacerdócio etc. Só se deve ter em vista que, se não foi realizada a escolha devida e ordenadamente, sem afeições desordenadas, arrependendo-se, procure levar boa vida em seu estado escolhido. Tal escolha não parece ser vocação divina, porque é escolha desordenada e oblíqua, como muitos nisto erradamente pensam, fazendo vocação divina de escolha oblíqua ou má; porque toda vocação divina é sempre pura e limpa (em seus motivos), sem mescla de carne, nem de outra alguma afeição desordenada.

IV: Se alguém devida e ordenadamente tem realizado escolha de coisas que estão sob escolha mudável, e sem aderir à carne nem ao mundo, não há razão para fazer nova escolha, mas aperfeiçoar-se naquela quanto puder.

Nota: É de advertir que, se tal escolha mudável não se efetuou sincera e bem ordenadamente, então é útil (conselho, não dever) fazer (agora) devidamente a escolha, se alguém tiver desejo de que dela provenham frutos notáveis e muito aprazíveis a Deus, nosso Senhor.

III. Três tempos

Três tempos para realizar sã e boa escolha em cada um deles.

O primeiro tempo é, quando Deus, nosso Senhor, tanto move e atrai a vontade que tal alma, sem duvidar nem poder duvidar, siga o que lhe é mostrado: assim como São Paulo e São Mateus o fizeram em seguir a Cristo, nosso Senhor.

O segundo, quando se recebe bastante claridade e conhecimento por experiência de consolações e desolações, e por experiência de vários espíritos.

O terceiro tempo é tranquilo, considerando primeiro para que o homem é nascido; a saber: para louvar a Deus, nosso Senhor, e salvar sua alma; e desejando isto, escolhe-se, como meio, uma vida ou estado dentro dos limites postos pela Igreja, para ser ajudado no serviço de seu Senhor e na salvação de sua alma. Disse tempo tranquilo, (isto é) quando a alma não é agitada por vários espíritos, e livre e tranquilamente usa de suas potências naturais. Se no primeiro ou segundo tempo não se faz escolha, seguem-se, acerca deste terceiro tempo, dois modos de a efetuar.

IV. Dois modos

O primeiro modo para fazer sã e boa escolha: contém em si seis pontos.

O I ponto é pôr diante dos olhos a coisa da qual quero fazer escolha; assim, por exemplo, um ofício ou benefício, para assumir ou deixar, ou de outra qualquer coisa que cai na escolha mudável.

II. É mister ter em vista o fim para o qual sou criado, que é para louvar a Deus, nosso Senhor, e salvar minha alma; e ainda achar-me indiferente, sem afeição desordenada alguma; de maneira que não esteja mais inclinado nem afeiçoado a tomar a coisa proposta do que a deixá-la, nem mais a suspendê-la do que a assumi-la; mas que me ache como em equilíbrio, para seguir aquilo que eu reconhecer reverter mais em glória e louvor de Deus, nosso Senhor, e salvação de minha alma.

III. Peço a Deus, nosso Senhor, queira mover minha vontade e pôr em minha alma o que devo fazer acerca da coisa proposta que seja mais seu louvor e glória, de modo que, discorrendo bem e fielmente com meu entendimento, eu escolha conforme a sua santíssima e bem agradável vontade.

IV. Considero, raciocinando, quantos cômodos ou proveitos me resultem da posse do ofício ou benefício proposto, só para louvor de Deus, nosso Senhor, e salvação de minha alma, e pelo contrário, considero do mesmo modo os incômodos e perigos que há em o reter. Outro tanto faço na segunda parte; a saber: tenho em vista os cômodos e proveitos em não o reter; e do mesmo modo, pelo contrário, os incômodos e perigos em não o reter.

V. Depois de assim ter discorrido e raciocinado por todas as partes sobre a coisa proposta, vejo para onde a razão mais se inclina, e então, segundo o maior impulso da razão, e não por algum estímulo sensual, se deve fazer deliberação sobre a coisa proposta.

VI. Feita tal escolha, ou deliberação, deve a pessoa, que a fez, com muita diligência proceder à oração diante de Deus, nosso Senhor, e oferecer-lhe tal escolha, para que a sua divina Majestade a queira receber e confirmar, se for seu maior serviço e louvor.

O segundo modo, para fazer sã e boa escolha, contém em si quatro regras e uma nota.

A I regra é que aquele amor, que me estimula e faz escolher tal coisa, desça de cima, do amor de Deus; de forma que o que escolhe sinta primeiro em si que aquela maior ou menor predileção pela coisa que escolhe visa somente seu Criador e Senhor.

II. Suponho um homem a quem nunca tenha visto nem conhecido, e, desejando-lhe toda a perfeição, considero o que eu lhe diria que fizesse e escolhesse para a maior glória de Deus, nosso Senhor, e a maior perfeição de sua alma; e, procedendo eu a meu respeito do mesmo modo, guardarei a regra que para outro ponho.

III. Considero, como se estivesse em artigo de morte, e que forma e medida então queria ter guardado no modo da presente escolha; e, regulando-me por aquela (forma), farei absolutamente a minha determinação.

IV. Tendo em vista e consideração como me acharei no dia do juízo, penso como então queria ter deliberado acerca da coisa presente; e a regra que então queria haver observado, tomo-a agora, para que naquela hora me ache repleto de prazer e gozo.

Nota: Depois de aceitar as sobreditas regras para a minha salvação e paz eterna, farei minha escolha e oblação a Deus, nosso Senhor, conforme ao sexto ponto do primeiro modo de fazer escolha.

A reforma para emendar e reformar a própria vida e estado

É de advertir que, acerca dos que estão constituídos em prelatura ou em matrimônio (quer tenham bens temporais em grande quantidade, quer não), em que não têm ocasião ou muito pronta vontade de fazer escolha das coisas que caem sob escolha mudável, é muito útil, em lugar de fazer escolha, propor-lhes uma forma e modo de emendar e reformar a própria vida e estado de cada um deles; a saber: pondo os olhos no fim da sua criação, vida e estado, que é a glória e louvor de Deus, nosso Senhor, e a salvação de sua alma. Para ir e chegar a este fim, deve muito considerar e ruminar, pelos exercícios e modos de escolha, segundo o que está explicado: quanta casa e criadagem deve manter, como a precisa ensinar com palavra e com exemplo. Do mesmo modo, dos seus bens, quanto deve tomar para sua família e casa, e quanto para distribuir entre os pobres e para outras coisas pias, não querendo nem buscando outra coisa alguma, senão em tudo e por tudo o maior louvor e glória de Deus, nosso Senhor. Porquanto, cada um pense que tanto adiantará em todas as coisas espirituais quanto sair do seu amor-próprio, vontade e interesse.

Terceira semana

Primeiro dia

A primeira contemplação, à meia-noite, é como Cristo nosso Senhor foi desde Betânia até Jerusalém à última ceia inclusivamente, e contém em si a oração preparatória, três prelúdios, seis pontos e um colóquio.

A costumada oração preparatória.

O I prelúdio é recordar o fato histórico, que é aqui como Cristo, nosso Senhor, desde Betânia enviou dois discípulos a Jerusalém para aparelharem a ceia; e depois ele mesmo foi a ela com os outros discípulos; e como, depois de haver comido o cordeiro pascal e haver ceado, lhes lavou os pés, e deu seu santíssimo corpo e precioso sangue a seus discípulos, e lhes fez um sermão, depois que Judas foi vender o seu Senhor.

O II, viva representação do lugar; será aqui considerar o caminho desde Betânia até Jerusalém, se é largo, se estreito, se plano etc.; do mesmo modo o lugar da ceia, se grande, se pequeno, se de uma ou outra maneira.

O III, pedir o que quero; será aqui dor, sentimento e confusão, porque o Senhor vai a padecer por meus pecados.

O **I ponto** é: Contemplo as pessoas da ceia, e, refletindo em mim mesmo, procuro tirar algum proveito delas.

O **II:** Escuto o que falam, e disto igualmente tiro algum proveito.

O **III**: Atento ao que fazem, e tiro algum proveito.

O **IV**: Medito o que Cristo, nosso Senhor, padece na humanidade, ou quer padecer, segundo o passo que estou contemplando; e aqui começarei com muita energia, e excitar-me-ei a ter dó, tristeza e lágrimas; e nos outros pontos que se seguem empregarei o mesmo esforço.

O **V**: Considero como a divindade se esconde, quer dizer, como poderia destruir seus inimigos, e não o faz; e como deixa padecer a sacratíssima humanidade tão crudelissimamente.

O **VI**: Reflito em como padece tudo isso pelos meus pecados etc., e em que eu devo fazer e sofrer por ele.

Por fim, um colóquio com Cristo, nosso Senhor, e depois um **Pai-nosso**.

É de advertir, como antes foi dito e em partes explicado, que nos colóquios precisamos apresentar nossas razões e petições segundo as presentes circunstâncias, a saber, conforme me acho tentado ou consolado, e conforme desejo adquirir uma ou outra virtude; conforme quero dispor de mim para uma ou outra parte; conforme quero doer-me ou alegrar-me da coisa que contemplo; finalmente, pedirei aquilo que desejo com mais energia acerca de algumas coisas particulares. E desta maneira pode alguém fazer um só colóquio a Cristo, nosso Senhor; ou, se a matéria ou a devoção o comove, pode fazer três colóquios, um à Mãe, outro ao Filho, outro ao Pai, pela mesma forma que está mencionada na segunda semana, na meditação sobre os Três Binários, com a nota que segue aos Binários.

A **segunda contemplação**, na madrugada, será (sobre o que aconteceu) desde a ceia até ao horto inclusivamente.

A costumada oração preparatória.

O I prelúdio é a história, e será aqui: como Cristo, nosso Senhor, desceu com seus onze discípulos do Monte Sião, onde fizera a Ceia, para o Vale de Josafá, deixando oito deles em uma parte do vale, e os outros três em uma parte do horto; e, pondo-se a orar, suou gotas de sangue; e como depois fez três vezes oração ao Pai, e despertou os seus três discípulos; e como depois à sua voz caíram os inimigos, e Judas lhe deu o ósculo de paz, e São Pedro a Malco cortou a orelha, e Cristo a pôs em seu lugar; e, sendo preso como um malfeitor, o levam ao vale abaixo, e depois a encosta acima, para a casa de Anás.

O II é ver o lugar; será aqui considerar o caminho desde o Monte Sião até ao Vale de Josafá, e do mesmo modo o horto, se largo, se fundo, se de uma ou outra maneira.

O III é pedir o que quero. O que é próprio para rogar na paixão, é dor com Cristo dolorido, prostração com Cristo aniquilado, lágrimas, tristeza de tanta pena que Cristo sofreu por mim.

Nesta segunda contemplação, depois de se ter feito a oração preparatória com os três prelúdios já mencionados, observar-se-á a mesma forma de proceder pelos pontos e colóquios que se tiverem na primeira contemplação da ceia; e à hora de missa e vésperas se farão duas repetições sobre a primeira e segunda contemplação; e depois, antes da ceia, aplicar-se-ão os sentidos às duas sobreditas contemplações, antecedendo sempre a oração preparatória e os três prelúdios, segundo a proposta matéria, da mesma forma que está dita e explicada na segunda semana.

Conforme a idade, disposição e constituição física ajudarem a pessoa que se exercita, fará ela cada dia os cinco exercícios ou menos.

Nesta terceira semana, mudar-se-ão em parte a segunda e a sexta adição. A segunda será: Logo que despertar do sono, proponho à minha mente aonde vou, e a que, resumindo um pouco a contemplação que pretendo fazer, e, segundo for o mistério, esforço-me, enquanto me levanto e me visto, por entristecer-me e me doer de tanta dor e de tanto padecer de Cristo, nosso Senhor. A sexta mudar-se-á assim: Não darei lugar a pensamentos alegres, ainda que bons e santos, como são, por exemplo, os da ressurreição e da glória, mas antes induzirei a mim mesmo em dor, e em aflição e abatimento, trazendo à memória frequentemente os trabalhos, fadigas e dores de Cristo, nosso Senhor, que ele sofreu desde o momento em que nasceu até ao mistério da paixão, que atualmente tenho por assunto.

O exame particular sobre os exercícios e adições presentes far-se-á do mesmo modo como se tem feito na semana passada.

Segundo dia
No segundo dia, à meia-noite, será a contemplação (sobre o que aconteceu) desde o horto até à casa de Anás inclusivamente; e, de madrugada, desde a casa de Anás até à casa de Caifás inclusivamente; e depois as duas representações e a aplicação dos sentidos, como já está dito.

Terceiro dia
Terceiro dia, à meia-noite, desde a casa de Caifás até Pilatos inclusivamente; e de madrugada, de Pilatos a Herodes inclusivamente; e depois as repetições e a aplicação dos sentidos, pela mesma forma que já está indicada.

Quarto dia

O quarto dia, à meia-noite, de Herodes a Pilatos; faz-se este exercício contemplando só a metade dos mistérios que se realizaram na mesma casa de Pilatos; e depois, no exercício da madrugada, os outros mistérios que remanesceram da mesma casa; e as repetições e a aplicação dos sentidos, como está dito.

Quinto dia

O quinto dia, à meia-noite, da casa de Pilatos até ele ser posto na cruz; e de madrugada, desde que foi levantado na cruz até que expirou; depois as duas repetições e a aplicação dos sentidos.

Sexto dia

O sexto dia, à meia-noite, desde a descida da cruz até o sepulcro, exclusivamente; e de madrugada desde o sepulcro, inclusivamente, até à casa aonde Nossa Senhora se retirou, depois de sepultado seu Filho.

Sétimo dia

O sétimo dia, contemplação de toda a paixão juntamente, no exercício da meia-noite e da madrugada; e em lugar das repetições e da aplicação dos sentidos, considerar por todo aquele dia, quanto mais frequentemente possível for, o sacratíssimo corpo de nosso Senhor soltado e apartado da alma, e onde e como sepultado. Do mesmo modo considerar-se-á a soledade de Nossa Senhora com tanta dor e pena; depois por outra parte a (soledade) dos discípulos.

É de notar que aquele que quiser demorar-se mais na paixão, tomará em cada contemplação menos mistérios; a saber: na primeira contemplação somente a ceia; na segunda, o lava-pés; na terceira, o sacramento que deu aos discípulos; na quarta, o sermão que Cristo lhes fez; e assim pelas outras contemplações e mistérios. Do mesmo modo, depois de acabada a paixão, tome em um dia inteiro a metade de toda a paixão, e no segundo dia a outra metade, e no terceiro dia toda a paixão.

Pelo contrário, quem quiser mais reduzir as meditações da paixão, tome à meia-noite a ceia, de madrugada o horto, à hora da missa a casa de Anás, à hora de vésperas a casa de Caifás, para a hora antes da ceia a casa de Pilatos; de maneira que, sem fazer repetições nem aplicação dos sentidos, faça cada dia cinco exercícios distintos, e em cada exercício (contemple) um diferente mistério de Cristo, nosso Senhor. E, depois de assim acabada toda a paixão, pode meditar em outro dia toda a paixão juntamente em um só exercício, ou em diversos, como melhor lhe parecerá que poderá tirar fruto.

Regras para observar, de agora em diante, a reta ordem na refeição

A **primeira regra** é que do pão convém abster-se menos, porque não é manjar no qual o apetite costuma exceder-se tanto, ou ao qual a tentação tanto incita como a outros manjares.

A **segunda**, acerca da bebida, parece mais conveniente a abstinência do que para a comida do pão. Portanto, deve-se muito ponderar o que dê proveito para o admitir, e o que causa dano para o remover.

A **terceira**, a respeito dos manjares (delicados) deve ser guardada a maior e mais inteira abstinência, porque por eles tanto o apetite é movido a exceder a medida justa, como a tentação está mais pronta a excitar a sensualidade. E por isso, para evitar desordem, pode-se guardar nos manjares a abstinência de duas maneiras: uma (consiste) em habituar-se a comidas ordinárias; e outra, se forem delicadas, em tomá-las em pequena quantidade.

A **quarta**, quanto mais o homem, guardando-se de não cair em enfermidade, subtrair do conveniente, mais depressa alcançará a medida mediana que deve conservar em seu comer e beber, por duas razões: a primeira, porque, deste modo, ajudando-se e dispondo-se, muitas vezes sentirá mais os raios do interno conhecimento, as consolações e divinas inspirações que lhe mostrarão à medida que lhe convém; a segunda, porque, se uma pessoa com tal abstinência se vê desprovida de tanta força corporal e de disposição suficiente para os exercícios espirituais, facilmente virá a julgar o que mais convém ao seu sustento corporal.

A **quinta**, enquanto a pessoa está comendo, considere como se visse a Cristo, nosso Senhor, comer com os seus apóstolos; e como ele bebe, e como os olha, e como lhes fala; e procure imitá-lo. De maneira que a parte principal do entendimento se ocupe na consideração de nosso Senhor; e a menor na refeição do corpo, para que assim proceda com mais método e ordem em se haver e governar corretamente.

A **sexta**, enquanto se come, pode-se ainda fazer outra consideração, ou da vida de santos, ou de algum pio assunto, ou de algum negócio espiritual que se tem a realizar; porque, estando-se atento a tal coisa, se tirará menos deleite e sensação do alimento corporal.

A **sétima**, sobretudo, veja cada um que todo o seu espírito não esteja ocupado com o que come; nem no comer vá apressurado pelo apetite, mas que seja senhor de si, tanto na maneira de comer, como na quantidade que toma.

A **oitava**, para evitar desordem, é muito útil que, depois do almoço, ou depois do jantar, ou em outra hora em que se não sinta vontade de comer, se determine consigo para o almoço ou jantar seguinte, e assim por diante cada dia, a quantidade que convenha tomar, além da qual não se passe por nenhum apetite nem tentação, mas antes, para mais vencer todo o apetite desordenado e a tentação do inimigo, quando se é tentado a comer mais, coma-se menos.

Quarta semana

A primeira contemplação, como Cristo, nosso Senhor, apareceu a Nossa Senhora.

O primeiro prelúdio é a história, que é aqui, como, depois que Cristo expirou na cruz, e o corpo ficou separado da alma, e com ele sempre unida a divindade, a beata alma, igualmente unida à divindade, desceu ao inferno (limbo); de onde tirou as almas justas, e, vindo ao sepulcro, ressuscitou e apareceu em corpo e alma à sua bendita Mãe.

O segundo, a viva representação do lugar, que será aqui ver a disposição do santo sepulcro, e o lugar ou casa de Nossa Senhora, examinando as divisões dele em particular; do mesmo modo o cubículo, oratório etc.

O terceiro, pedir o que quero, e será aqui pedir a graça para me alegrar e gozar intensamente de tanta glória e gozo de Cristo, nosso Senhor.

O **I, II e III ponto** sejam os mesmos costumados, que tivemos na ceia de Cristo, nosso Senhor.

O **IV**, considerar como a divindade, que parecia esconder-se na paixão, aparece e se mostra agora tão miraculosamente na santíssima ressurreição, pelos verdadeiros e santíssimos efeitos dela.

O **V**, considerar o ofício de consolar, que Cristo, nosso Senhor, exerce, e comparar como os amigos costumam consolar uns aos outros.

Acabar com um colóquio, ou colóquios, segundo a proposta matéria, e um **Pai-nosso**.

Notas

Nas contemplações seguintes proceda-se, por todos os mistérios da ressurreição, da maneira que abaixo se segue, até à ascensão inclusivamente, observando e empregando no restante, em toda a semana da ressurreição, a mesma forma e maneira da semana da paixão. Por isso, sirva de regra esta primeira contemplação da ressurreição; quanto aos prelúdios, sejam feitos segundo a matéria proposta, e quanto aos cinco pontos, sejam os mesmos; e as adições, que estão abaixo, sejam as mesmas. E assim tudo o que resta pode reger-se pelo modo da semana da paixão, por exemplo, nas repetições, na aplicação dos cinco sentidos, em abreviar ou alongar os mistérios.

A segunda nota: Comumente nesta quarta semana, é mais conveniente do que nas outras três passadas fazer só quatro exercícios, e não cinco. O primeiro na madrugada logo depois de levantar-se; o segundo à hora da missa, ou antes de comer (almoço), em lugar da primeira repetição; o terceiro à hora de vésperas, em lugar da segunda repetição; o quarto antes de comer (jantar), aplicando os cinco sentidos aos três exercícios do mesmo dia, atentando e demorando-se nas partes mais principais e onde se haja sentido maiores impressões e gostos espirituais.

A terceira: Embora em todas as contemplações seja dado um número determinado de pontos, como, por exemplo, três, ou cinco etc., pode, contudo, a pessoa que contempla pôr mais ou menos pontos, segundo o achar melhor. Para este fim é muito útil, antes de entrar na contemplação, conjecturar e marcar os pontos, que há de tomar em certo número.

Nesta quarta semana, em todas as dez adições mudar-se-ão a segunda, a sexta, a sétima e a décima.

A segunda será: Logo que despertar, porei diante de meus olhos a contemplação que tenho de fazer, querendo me enternecer e alegrar de tanto gozo e alegria de Cristo, nosso Senhor.

A sexta: Trarei à minha memória e procurarei coisas que suscitem prazer, alegria e gozo espiritual, como, por exemplo, a glória.

A sétima: Usarei de claridade, ou dos cômodos do tempo, como, por exemplo, no verão, da frescura; e no inverno, do sol ou calor, enquanto a alma pensa ou conjectura que isto lhe possa servir para se alegrar em seu Criador e Redentor.

A décima: Em lugar da penitência guarde-se a temperança e a justa mediania em tudo, a não ser que se esteja no tempo em que a Igreja prescreve jejuns ou abstinências; porque estes sempre devem ser guardados, se não houver justo impedimento.

Contemplação para alcançar amor.

Primeiro convém notar duas coisas: A primeira é que o amor deve mostrar-se mais por obras do que por palavras. A segunda é que o amor consiste na comunicação mútua entre ambas as partes; a saber: em dar e transmitir o amador ao amado o que tem ou pode dar; e assim, pelo contrário, o amado ao amador. Por isso, se um tem ciência, dá ao que a não possui; se goza de honras, riquezas, dá-as sempre um ao outro.

A costumada oração (preparatória).

O I prelúdio é a composição do lugar, que é aqui ver como estou diante de Deus, nosso Senhor, dos anjos e santos que intercedem por mim.

O II, pedir o que quero; será aqui pedir conhecimento interno de tanto bem recebido (de Deus), para que eu, reconhecendo-o inteiramente, possa em tudo amar e servir a sua divina Majestade.

I. Os benefícios de Deus

O primeiro ponto é trazer à memória os benefícios recebidos na criação e redenção e os dons particulares, ponderando com muito afeto quanto Deus, nosso Senhor, tem feito por mim, e quanto me deu do que possui, e (quanto) daqui por diante o mesmo Senhor deseja dar-se-me a si mesmo, como pode segundo a sua ordenação divina. E depois refletir em mim mesmo, considerando com muita razão e justiça o que da minha parte devo oferecer e dar à sua divina Majestade, a saber, todas as minhas coisas, e a mim mesmo com elas, assim como alguém faz uma oferta com muito afeto:

Tomai, Senhor, e recebei toda a minha liberdade, minha memória, meu entendimento e toda a minha vontade, tudo o que tenho (de bens internos) e possuo (de externos); vós me destes, a vós, Senhor, o restituo; tudo é vosso, disponde-o inteiramente segundo a vossa vontade. Dai-me vosso amor e graça: é quanto me basta.

II. A presença de Deus

O segundo, considerar como Deus habita nas criaturas: nos elementos, dando-lhes o ser, nas plantas, comunicando-lhes a vegetação, nos animais, provendo-os de sensibilidade, nos homens, dotando-os de entendimento; e assim em mim, concedendo-me existência, vida, sensibilidade e inteligência, e até fazendo de mim seu Templo, por ser criado à semelhança e imagem de sua divina Majestade. Depois torno a refletir em mim mesmo pelo modo que está notado no primeiro ponto, ou por outro que julgar melhor. Da mesma maneira far-se-á em cada ponto que segue.

III. A atividade de Deus

O terceiro ponto é considerar como Deus trabalha e age por mim, em todas as coisas criadas sobre a face da terra, *id est, habet se ad modum laborantis* (isto é, procede à maneira de quem trabalha), assim, por exemplo, nos céus, elementos, plantas, frutas, gados etc., dando existência, conservação, vegetação e sensibilidade etc. Depois refletir em mim mesmo.

IV. Deus em si infinitamente amável

O quarto, considerar que todos os bens e dons descem de cima, e igualmente a minha limitada força da suma e infinita do alto; e do mesmo modo justiça, bondade, piedade, misericórdia etc., assim como do sol saem os raios, da fonte as águas etc. Depois, para findar, vou refletir em mim mesmo, e acabar com um colóquio e um **Pai-nosso**.

Três modos de orar

Primeiro modo de orar

Três modos de orar, e primeiro sobre mandamentos.

A primeira maneira de orar tem por objeto os Dez Mandamentos, os sete pecados mortais (capitais), as três potências da alma e os cinco sentidos corporais. Esta maneira de orar quer apenas dar certa forma, modo e exercícios, pelos quais a alma se aparelhe (para os exercícios espirituais) e neles faça progressos, e para que a oração seja aceita (a Deus); porém não dá forma e modo especial de orar (propriamente dito).

Primeiro faça-se o que equivale à segunda adição da segunda semana; a saber: antes de entrar na oração, repouso um pouco o espírito, considerando, sentado ou passeando, como melhor me parecerá, aonde vou e a que me disponho. E esta mesma adição observar-se-á no princípio de todos os modos de orar.

1. Sobre os Dez Mandamentos da lei de Deus

Alguma oração preparatória, por exemplo, peço a Deus, nosso Senhor, graça para que possa conhecer no que tenha faltado acerca dos Dez Mandamentos; e peço igualmente graça e ajuda para me emendar doravante, suplicando perfeita inteligência dos mandamentos, para melhor os guardar e para maior glória e louvor de sua divina Majestade.

Para o primeiro modo de orar convém, no primeiro mandamento, considerar e pensar como o tenho guardado, e em que errado, demorando-me nisto, por via de regra, o tempo que aplica alguém a dizer três vezes **Pai-nosso** e três vezes **Ave-Maria**; e, se neste tempo acho faltas minhas, peço perdão (da culpa) e remissão (da pena) delas, e (depois) rezo um **Pai-nosso**. E desta mesma maneira proceda-se em todos os Dez Mandamentos.

É de notar que, quando chegar alguém ao exame de um mandamento, contra o qual acha não ter hábito algum de pecar, é dispensável deter-se tanto tempo; mas conforme alguém descobre em si que mais ou menos infringe aquele mandamento, deve também, mais ou menos, prosseguir na consideração e exame dele. E nos pecados mortais observe-se o mesmo.

Depois de acabado o referido exame de todos os mandamentos, acusando-me neles e pedindo graças e ajuda para me emendar de futuro, terminarei com um colóquio a Deus, nosso Senhor, segundo a presente matéria.

2. Sobre os pecados mortais (capitais)
Segundo, sobre pecados mortais. Acerca dos pecados mortais, faça-se, depois da adição (acima mencionada), a oração preparatória pela maneira já referida, mudando-se apenas a matéria que aqui trata de pecados a serem evitados, e antes se ocupava de mandamentos a serem guardados. Do mesmo modo observe-se a ordem e regra já notada e o colóquio.

Para melhor conhecer as faltas cometidas nos pecados mortais, considerem-se os seus contrários; e assim, para melhor evitar esses pecados, proponha e procure quem usa deste modo de rezar, com santos exercícios adquirir e possuir as sete virtudes contrárias a eles.

3. Sobre as potências das almas
Terceiro, sobre as potências da alma. Acerca das três potências da alma guarde-se a mesma ordem e regra que nos mandamentos, fazendo sua adição, oração preparatória e colóquio.

4. Sobre os cinco sentidos do corpo

Quarto, sobre os cinco sentidos corporais. Acerca dos cinco sentidos corporais, haja sempre a mesma ordem, mudando-se apenas a matéria deles.

Quem, no uso dos seus sentidos, quer imitar a Cristo, nosso Senhor, encomende-se, na oração preparatória, à sua divina Majestade, e depois de ter considerado cada sentido em particular, recite uma **Ave-Maria**, ou um **Pai-nosso**. E quem, no uso dos sentidos, quiser imitar a Nossa Senhora, encomende-se a ela na oração preparatória, a fim de que lhes alcance para isto graça de seu Filho e Senhor; e depois de ter considerado cada sentido em particular, recite uma **Ave-Maria**.

Segundo modo de orar

O segundo modo de orar consiste em contemplar a significação de cada palavra de uma oração (vocal).

Neste segundo modo de orar será observada a mesma adição que o foi no primeiro. A oração preparatória far-se-á conforme a pessoa a quem se endereçar a oração.

Consiste o segundo modo de orar em que aquele (que o emprega), de joelhos ou sentado, conforme a maior disposição em que se acha e sente mais devoção, com os olhos cerrados ou pregados em um lugar sem lançá-los em redor, diga **Pai**, e persista na consideração desta palavra, enquanto acha significações, comparações, gosto e consolação em considerações pertencentes a tal palavra. E da mesma maneira proceda ele em cada palavra do **Pai-nosso**, ou de qualquer outra oração, que assim quiser rezar.

A primeira regra é que se persista da maneira já explicada, uma hora em todo o **Pai-nosso**, depois do qual se reze **Ave-Maria**, **Credo**, **Alma de Cristo**, e **Salve-Rainha**, vocal ou mentalmente, segundo o modo usual.

A segunda regra é que se a pessoa, que contempla o **Pai-nosso**, achar em uma ou duas palavras copiosa matéria em que pensar, e gosto e consolação, não cuide em passar adiante, embora se acabe a hora com aquilo que ela acha; e no fim dirá o resto do **Pai-nosso** do modo usual.

A terceira é que se alguém se demorou em uma ou duas palavras do **Pai-nosso** a hora toda, outro dia, quando quiser voltar à (mesma) oração, recite a sobredita palavra ou aquelas duas como de costume, e comece a contemplar a palavra que se segue imediatamente, conforme ao que se disse na segunda regra.

É de advertir que, acabado o **Pai-nosso**, em um ou muitos dias, se há de fazer o mesmo com a **Ave-Maria**, e depois com outras orações, de forma que por algum tempo sempre se faça exercício acerca de uma delas.

A segunda nota é que, terminada a oração, se recorra, em poucas palavras, à pessoa a quem foi dirigida a reza, e se peçam as virtudes ou graças, das quais se sente ter mais necessidade.

Terceiro modo de orar

Terceiro modo de orar será a compasso (com pequenos intervalos, pausas).

Será a adição a mesma que foi no primeiro e segundo modo de orar. A oração preparatória será como no segundo modo de orar.

Consiste o terceiro modo de orar em que a cada anélito ou respiração se há de orar mentalmente dizendo uma palavra do **Pai-nosso**, ou de outra oração que se reza; de maneira que se recite uma só palavra entre um e outro anélito, e no tempo intermédio de uma à outra respiração se atenda principalmente à significação de tal palavra, ou à baixeza de si mesmo, ou à distância entre tanta nobreza (daquela pessoa) e tanta vileza própria. E pela mesma forma e regra proceder-se-á nas restantes palavras do **Pai-nosso**, e as outras orações recitar-se-ão segundo o costume, a saber: **Ave-Maria**, **Alma de Cristo**, **Credo** e **Salve-Rainha**.

A primeira regra é que aquele que em outro dia ou hora assim orar, reze a **Ave-Maria** por compasso, e segundo o costume as orações que ficaram atrás, e do mesmo modo proceda sucessivamente nas outras.

A segunda é que aquele que quiser empregar mais tempo na oração a compasso pode rezar todas as sobreditas preces ou parte delas, observando a mesma ordem do anélito por compasso, como está explicado.

Os mistérios da vida de Nosso Senhor Jesus Cristo

Para facilitar a meditação ou contemplação dos mistérios seguintes, encontram-se eles quase sempre divididos em três pontos.

A. MISTÉRIOS DA SEGUNDA SEMANA

Da anunciação de Nossa Senhora (Lc 1,26-38)

1. O anjo São Gabriel, saudando a Nossa Senhora, anunciou-lhe a concepção de Cristo, nosso Senhor. "Entrando o anjo onde estava Maria, disse-lhe: Deus te salve, cheia de graça; conceberás no teu ventre, e darás à luz um filho".

2. Confirma o anjo o que disse à Nossa Senhora, anunciando a concepção de São João Batista, dizendo-

-lhe: "Eis que também Isabel, tua parenta, concebeu um filho na sua velhice".

3. Respondeu ao anjo Nossa Senhora: "Eis aqui a escrava do Senhor, faça-se em mim segundo a tua palavra".

Da visitação de Nossa Senhora (Lc 1,39-56)
1. Quando Nossa Senhora visitou a Isabel, São João Batista, estando no ventre de sua mãe, sentiu a visita de Nossa Senhora. "E aconteceu que, apenas Isabel ouviu a saudação de Maria, logo o menino estremeceu em seu ventre, e Isabel ficou cheia do Espírito Santo, e exclamou em alta voz, e disse: Bendita és tu entre as mulheres, e bendito é o fruto do teu ventre".

2. Nossa Senhora canta o cântico, dizendo: "A minha alma glorifica ao Senhor".

3. "E ficou Maria com Isabel cerca de três meses; e depois voltou para sua casa".

Do nascimento de Cristo, nosso Senhor (Lc 2,1-14; Mt 1,18-25)
1. Nossa Senhora e seu esposo José vão de Nazaré a Belém. "Foi José da Galileia a Belém, para se recensear juntamente com Maria, sua esposa, que estava grávida".

2. "Deu à luz seu Filho primogênito, e o enfaixou, e o reclinou numa manjedoura".

3. "Apareceu uma multidão da milícia celeste louvando a Deus, e dizendo: Glória a Deus no mais alto dos céus".

Dos pastores (Lc 2,8-20)
1. O nascimento de Cristo, nosso Senhor, manifesta-se aos pastores pelo anjo. "Eis que vos anuncio uma

grande alegria, que terá todo o povo. Nasceu-vos na cidade de Davi um Salvador, que é o Cristo Senhor".

2. Os pastores vão a Belém. "Foram com grande pressa; e encontraram Maria e José, e o menino deitado na manjedoura".

3. "Voltaram os pastores, glorificando e louvando a Deus".

Da circuncisão (Lc 2,21)
1. Circuncidaram o Menino Jesus.

2. "Foi-lhe posto o nome de **Jesus**, como lhe tinha chamado o anjo, antes que fosse concebido no ventre".

3. Tornam a dar o menino à sua Mãe, que sentia compaixão do sangue que saía de seu Filho.

Dos três reis magos (Mt 2,1-12)
1. Os três reis magos, guiando-se pela estrela, vieram adorar a Jesus, dizendo: "Vimos a sua estrela no Oriente, e viemos adorá-lo".

2. Adoraram-no e ofereceram-lhe dons. "Prostrando-se, adoraram-no; e, abrindo os seus tesouros, lhe fizeram suas ofertas de ouro, incenso e mirra".

3. "Tendo recebido aviso em sonhos para não tornarem a Herodes, voltaram por outro caminho para o seu país".

Da purificação de Nossa Senhora e apresentação do Menino Jesus (Lc 2,22-39)
1. Levam ao Templo o Menino Jesus, para que seja apresentado ao Senhor como primogênito; e oferecem por ele "um par de rolas ou dois pombinhos".

2. Simeão, vindo ao Templo, "tomou-o em seus braços", dizendo: "Agora, Senhor, deixas partir o teu servo em paz".

3. Ana, "sobrevindo nesta mesma ocasião, louvava ao Senhor, e falava do menino a todos que esperavam a redenção de Israel".

Da fuga para o Egito (Mt 2,13-18)

1. Herodes queria matar o Menino Jesus, e por isso matou os inocentes; e antes da morte deles, intimou o anjo a José que fugisse para o Egito: "Levanta-te, toma o menino e sua Mãe, e foge para o Egito".

2. Partiu para o Egito: "E ele, levantando-se, ainda noite, retirou-se para o Egito".

3. "Lá esteve até a morte de Herodes".

Cristo, nosso Senhor, voltou do Egito (Mt 2,19-23)

1. Avisa o anjo a José que volte para Israel: "Levanta-te, toma o menino e sua Mãe, e vai para a terra de Israel".

2. Ele, levantando-se, foi para a terra de Israel.

3. Porque reinava em Judeia Arquelau, filho de Herodes, retirou-se para Nazaré.

Da vida de Cristo, nosso Senhor desde os doze até os trinta anos. (Lc 2,51-52; Mc 6,3)

1. Era obediente a seus pais.

2. "Crescia em sabedoria, em idade e em graça".

3. Parece que exercitava a arte de carpinteiro, como dá a entender São Marcos no capítulo sexto: "Não é este o carpinteiro"?

Da vinda de Cristo ao Templo quando tinha 12 anos de idade (Lc 2,41-50)

1. Cristo, nosso Senhor, na idade de doze anos, subiu de Nazaré a Jerusalém.

2. Cristo, nosso Senhor, ficou em Jerusalém, e não o souberam seus pais.

3. Passados três dias, encontraram-no disputando no Templo, e sentado no meio dos doutores; e, perguntando-lhe seus pais onde havia estado, respondeu: "Não sabeis que devo ocupar-me nas coisas de meu Pai?"

Do batismo de Cristo (Mt 3,13-17; Mc 1,9-12)

1. Cristo, nosso Senhor, depois de se ter despedido de sua bendita Mãe, foi de Nazaré ao rio Jordão, onde estava São João Batista.

2. São João batizou a Cristo, nosso Senhor; e, querendo se escusar por se julgar indigno de o batizar, diz-lhe Cristo: "Deixa por agora, pois convém que cumpramos assim toda a justiça".

3. Desceu o Espírito Santo sobre ele; e eis que se ouviu uma voz do céu, que dizia: "Este é meu Filho amado, no qual pus as minhas complacências".

A tentação de Cristo (Lc 3,1-13; Mt 4,1-11; Mc 1,12-13)

1. Depois de ser batizado, foi ao deserto, onde jejuou quarenta dias e quarenta noites.

2. Três vezes foi tentado do inimigo: "Aproximando-se dele, o tentador disse-lhe: Se és Filho de Deus, dize que estas pedras se convertam em pães; lança-te daqui abaixo; tudo isto te darei, se, prostrado, me adorares".

3. "Chegaram os anjos, e o serviram".

Da vocação dos apóstolos (Mt 4,18-22; 9,9; 10,1-4; Mc 1,16-20; 3,13-19; 2,13-14; Lc 5,1-11; 27-32; 6,12-16; Jo 1,35-51)

1. Parece que três vezes foram chamados São Pedro e Santo André; primeiro, a tomar certo conhecimento de Cristo, o que consta de São João no capítulo primeiro; a segunda vez, a seguir de algum modo a Cristo com o propósito de tornar a possuir o que haviam deixado, como diz São Lucas no capítulo quinto; a terceira vez, a seguir para sempre a Cristo, nosso Senhor; São Mateus no capítulo quarto, e São Marcos no primeiro.

2. Chamou a Felipe, como está no capítulo primeiro de São João; e a Mateus, como o mesmo Mateus diz no capítulo nono.

3. Chamou os outros apóstolos, de cuja vocação especial não faz menção o Evangelho.

E também três coisas considerar-se-ão: A primeira, como os apóstolos eram de rude e baixa condição. A segunda, a dignidade, à qual foram chamados tão suavemente. A terceira, os dons e graças pelas quais foram elevados sobre todos os padres do Novo e Velho Testamento.

Do primeiro milagre feito nas bodas de Caná da Galileia (Jo 2,1-11)

1. Foi convidado para as bodas Cristo, nosso Senhor, com seus discípulos.

2. A Mãe declara ao Filho a falta do vinho, dizendo: "Não tem vinho", e mandou aos que serviam: "Fazei tudo o que ele vos disser".

3. Converteu a água em vinho, "e manifestou a sua glória, e os seus discípulos creram nele".

Cristo lançou fora do Templo os vendilhões (Jo 2,13-21)

1. Com um açoite feito de cordas, lançou fora do Templo todos que vendiam.

2. Deitou ao chão as mesas e dinheiros dos banqueiros ricos, que estavam no Templo.

3. Aos pobres, que vendiam pombos, disse mansamente: "Tirai daqui estas coisas, e não façais da casa de meu Pai casa de negócio".

Do sermão de Cristo na montanha (Mt 5,1-12; 16,44; Lc 6,17-49)

1. Em separado fala das oito bem-aventuranças a seus amados discípulos: "Bem-aventurados os pobres de espírito, os mansos, os misericordiosos, os que choram, os que passam fome e sede de justiça, os limpos de coração, os pacíficos, e os que sofrem perseguição".

2. Exorta-os a que usem bem de seus talentos: "Assim brilhe a vossa luz diante dos homens, para que eles vejam as vossas boas obras, e glorifiquem vosso Pai, que está nos céus".

3. Não se mostra transgressor da lei, mas aperfeiçoador; explicando o preceito de não matar, adulterar, perjurar, e de amar os inimigos: "Eu vos digo: Amai os vossos inimigos, fazei bem aos que vos odeiam".

Cristo, nosso Senhor, acalmou a tempestade no mar (Mt 8,23-27; Mc 4,35-40; Lc 8,22-26)

1. Levantou-se uma grande tempestade no mar, quando Cristo, nosso Senhor, estava dormindo.

2. Seus assustados discípulos despertaram-no, e ele os repreende pela pouca fé que demonstravam, dizendo: "Por que temeis, homens de pouca fé?"

3. Mandou aos ventos e ao mar que cessassem; e, assim, parando, seguiu-se uma grande bonança. E disto se admiraram os homens, dizendo: "Quem é este a quem obedecem os ventos e o mar?"

Cristo andou sobre o mar (Mt 14,22-23; Mc 6,45-52; Jo 6,15-21)

1. Cristo, nosso Senhor, obrigou seus discípulos a subir para a barca, enquanto ele se retirou ao monte: "E, despedidas as turbas, subiu só a um monte para orar".

2. Era batida das ondas a barca, para a qual se dirigiu Cristo caminhando sobre a água; e os discípulos julgavam que fosse um fantasma.

3. Dizendo-lhes Cristo: "Sou eu, não temais", por seu mandado veio São Pedro a ele, andando sobre a água, e duvidando começou a submergir; mas salvou-o Cristo, nosso Senhor, e repreendeu-lhe a pouca fé; e depois, entrando na barca, cessou o vento.

Os apóstolos foram enviados a pregar (Mt 10,1-42; 11,1; Mc 6,7-13; Lc 9,1-6)

1. Cristo chama seus amados discípulos, e dá-lhes poder de expulsar os demônios dos corpos humanos e curar todas as enfermidades.

2. Ensina-lhes prudência e paciência: "Eis que eu vos mando como ovelhas no meio de lobos. Sede, pois, prudentes como as serpentes, e simples como as pombas".

3. Dá-lhes o modo de viver: "Dai de graça o que de graça recebestes. Não queirais possuir ouro, nem prata"; e deu-lhes matéria de pregar: "Pondo-vos a caminho, pregai, dizendo: Está próximo o reino dos céus".

Da conversão de Madalena (Lc 7,36-50)

1. Quando Cristo, nosso Senhor, estava sentado à mesa em casa do fariseu, entra Madalena, que trazia um vaso de alabastro cheio de unguento.

2. Estando ela por trás do Senhor perto de seus pés, começou a regá-los com lágrimas, e com os cabelos de sua cabeça enxugava-os, e beijava-os e ungia-os com unguento.

3. Como acusasse o fariseu a Madalena, fala Cristo em defesa dela, dizendo: "São-lhe perdoados muitos pecados, porque muito amou. E Jesus disse à mulher: A tua fé te salvou; vai em paz".

Cristo, nosso Senhor, deu de comer a cinco mil homens (Mt 14,13-21; Mc 6,33-44; Lc 9,11-17; Jo 6,1-13)

1. Como já se fizesse tarde, rogam os discípulos a Cristo que deixe ir a multidão de homens que com ele estavam.

2. Mandou Cristo, nosso Senhor, que lhe trouxessem pães, e fizessem recostar a todos sobre a relva; e abençoou, e partiu, e deu a seus discípulos os pães, e os discípulos os distribuíram às turbas.

3. "Comeram todos, e saciaram-se, e levantaram do que sobejou doze cestos".

A transfiguração de Cristo (Mt 17,1-9; Mc 9,1-8; Lc 9,28-36; 2Pd 1,16-18)

1. Tomando Cristo, nosso Senhor, por companheiros a seus amados discípulos Pedro, Tiago e João, "transfigurou-se diante deles, e o seu rosto ficou refulgente como o sol, e as suas vestiduras tornaram-se brancas como a neve".

2. Falava com Moisés e Elias.

3. Dizendo São Pedro que fizessem três tabernáculos, soou uma voz do céu que dizia: "Este é meu Filho dileto, ouvi-o". E, ouvindo isto, os discípulos caíram de bruços, e tiveram grande medo; e Cristo, nosso Senhor, tocou-os, e disse-lhes: "Levantai-vos, e não temais. Não digais a ninguém o que vistes, até que o Filho do homem ressuscite dos mortos".

A ressurreição de Lázaro (Jo 11,1-45)

1. Mandam Marta e Maria informar a Cristo, nosso Senhor, da enfermidade de Lázaro; ciente dela, demorou-se ainda dois dias, para que o milagre fosse mais evidente.

2. Antes que o ressuscite, exige de uma e outra que creiam, dizendo: "Eu sou a ressurreição e a vida; o que crê em mim, ainda que esteja morto, viverá".

3. Ressuscita-o depois de haver chorado e feito oração; e o modo de ressuscitá-lo foi, mandando: "Lázaro, sai para fora".

A ceia em Betânia (Mt 26,6-13; Mc 14,3-9; Jo 12,1-8)

1. O Senhor ceia em casa de Simão, o leproso, juntamente com Lázaro.

2. Derrama Maria o unguento sobre a cabeça de Cristo.

3. Murmura Judas, dizendo: "Para que foi este desperdício de bálsamo?" Mas Cristo escusa outra vez a Madalena, dizendo: "Por que molestais esta mulher? Pois foi uma obra boa a que me fez".

Domingo de Ramos (Mt 21,1-17; Mc 11,1-10; Lc 19,29-38; Jo 12,12-19)

1. Envia o Senhor (dois discípulos para trazer) a jumenta e o jumentinho, dizendo: "Desatai-os e trazei-nos. E, se alguém vos disser alguma coisa, dizei que o Senhor precisa deles; e logo os deixará trazer".

2. Montou na jumenta coberta dos vestidos dos apóstolos.

3. Saíram a recebê-lo, estendendo os seus vestidos pelo caminho e ramos das árvores, e dizendo: "Hosana ao Filho de Davi! Bendito o que vem em nome do Senhor! Hosana no mais alto dos céus!"

A pregação no Templo (Lc 19,47-48; 21,37; 22,53; Mc 11,11)

1. Cada dia estava ensinando no Templo.

2. Acabada a pregação, foi para Betânia, porque em Jerusalém não havia quem o recebesse.

B. MISTÉRIOS DA TERCEIRA SEMANA

A última ceia (Mt 26,17-30; Jo 13,1-38; Mc 14,12-26; Lc 22,7-38)

1. Comeu o cordeiro pascal com seus doze apóstolos, aos quais predisse a sua morte. "Em verdade vos digo que um de vós me há de entregar".

2. Lavou os pés dos discípulos, até os de Judas, começando por São Pedro, que, considerando a majestade do Senhor e sua própria baixeza, não queria consentir, dizendo: "Senhor, tu me lavas os pés?" Mas São Pedro não sabia que naquilo o Senhor dava exemplo de humildade, e por isso Jesus disse: "Eu vos dei o exemplo, para que, como eu vos fiz, assim façais vós também".

3. Instituiu o sacratíssimo sacrifício da Eucaristia, em grandíssimo sinal de seu amor, dizendo: "Tomai e comei". Acabada a ceia, sai Judas para vender a Cristo, nosso Senhor.

Mistérios desde a ceia até ao horto inclusivamente (Mt 26,30-46; Mc 14,26-42; Lc 22,39-46; Jo 18,1)

1. Acabada a ceia e cantado o hino, passou o Senhor com seus discípulos cheios de medo ao Monte das Oliveiras; e deixando oito em Getsêmani, disse: "Sentai-vos aqui, enquanto eu vou acolá, e faço oração".

2. Acompanhado de Pedro, Tiago e João, orou o Senhor três vezes, dizendo: "Meu Pai, se é possível, passe de mim este cálice; todavia, não se faça a minha vontade, mas a tua". E, posto em agonia, orava mais instantemente.

3. Tinha tanto medo que disse: "A minha alma está numa tristeza mortal", e suou sangue tão copiosamente que, diz São Lucas: "Veio-lhe um suor, como de gotas de sangue, que corria sobre a terra". Isto já supõe que as vestiduras estavam cheias de sangue.

Mistérios desde o horto até à casa de Anás inclusive (Mt 26,47-58; 69-70; Lc 22,47-57; Mc 14,43-54; Jo 18,2-23)

1. O Senhor deixa-se beijar por Judas, e prender como ladrão (pelos esbirros), aos quais disse: "Vós viestes armados de espadas e varapaus para me prender, como se faz a um ladrão; todos os dias estava eu sentado entre vós, ensinando no Templo, e não me prendestes". E dizendo: "A quem buscais?" caíram por terra os inimigos.

2. São Pedro feriu um servo do pontífice, e o manso Senhor lhe disse: "Mete a tua espada no seu lugar", e curou a ferida do servo.

3. Desamparado de seus discípulos, é levado a Anás, onde São Pedro, que o havia seguido de longe, o negou uma vez, e a Cristo foi dada uma bofetada por um guarda, que lhe disse: "Assim respondes ao pontífice?"

Mistérios desde a casa de Anás até à casa de Caifás inclusive (Mt 26,57-75; Cc 14,53-72; Lc 22,54-65; Jo 18,24-27)

1. Levam-no atado desde a casa de Anás à casa de Caifás, onde São Pedro o negou duas vezes; e, olhando para ele o Senhor, "tendo saído para fora, chorou amargamente".

2. Esteve Jesus atado toda aquela noite.

3. Além disto, os que o tinham prendido escarneciam dele e o feriam, e cobriam-lhe o rosto, e davam-lhe bofetadas, e perguntavam-lhe: "Adivinha quem é que te deu? E diziam outras muitas coisas, blasfemando contra ele".

Mistérios desde a casa de Caifás até à de Pilatos inclusive (Mt 27,1-2; 11-26; Lc 23,1-5; 13-25; Mc 15,1-15; Jo 18,28-40)

1. Toda a multidão dos judeus o leva a Pilatos, e diante dele o acusam, dizendo: "Encontramos a este sublevando a nossa nação, e proibindo dar o tributo a César".

2. Depois de o haver examinado uma e outra vez, diz Pilatos: "Não acho nele crime algum".

3. Foi-lhe preferido Barrabás, ladrão: "Gritaram todos novamente: Não soltes a este, mas a Barrabás".

Mistérios desde a casa de Pilatos até à de Herodes (Lc 23,6-10)

1. Pilatos enviou Jesus, galileu, a Herodes, tetrarca de Galileia.

2. Herodes, curioso, fez-lhe muitas perguntas, e ele não lhe respondeu coisa alguma, ainda que o acusassem constantemente os escribas e sacerdotes.

3. Herodes desprezou-o com seu exército, cobrindo-o com uma vestidura branca.

Mistérios desde a casa de Herodes até à de Pilatos (Mt 27,26-30; Lc 23,12; 16-22; Mc 15,15-19; Jo 19,1-6)

1. Herodes reenviou-o a Pilatos, pelo que ficaram amigos, que antes eram inimigos.

2. Pilatos tomou a Jesus, e mandou açoitá-lo; e os soldados fizeram uma coroa de espinhos, e puseram-lha na cabeça; e vestiram-no de púrpura, e vinham a ele e diziam: "Deus te salve, rei dos judeus; e davam-lhe bofetadas".

3. Trouxe-o fora à presença de todos: "Saiu, pois, Jesus trazendo a coroa de espinhos e o manto de púrpura", e disse-lhes Pilatos: "Eis aqui o homem"; então os pontífices, tendo-o visto, gritaram: "Crucifica-o, crucifica-o!"

Mistérios desde a casa de Pilatos até à cruz (Mt 27,26; 31-33; Mc 15,20-22; 26-28; Lc 23,24-26,32-33.38; Jo 19,13-22).

1. Pilatos, sentado no seu tribunal, entregou-lhes Jesus, para que o crucificassem, depois que os judeus o haviam negado por Rei, dizendo: "Não temos rei, senão a César".

2. Levava a cruz às costas, e, não a podendo levar, foi constrangido Simão Cireneu a que a levasse após Jesus.

3. Crucificaram-no entre dois ladrões, pondo sobre a cruz este título: "Jesus Nazareno, Rei dos Judeus".

Mistérios na cruz (Jo 19,23-37; Mt 27,35-59; Mc 15,24-38; Lc 23,34-46)

1. Na cruz proferiu sete palavras: orou pelos que o crucificavam, perdoou ao ladrão, recomendou sua Mãe a São João, e São João à sua Mãe. Disse em voz alta: "Tenho sede", e deram-lhe fel e vinagre; disse que era

desamparado; disse: "Tudo está consumado"; disse: "Pai, nas tuas mãos encomendo o meu espírito".

2. Escureceu-se o sol, partiram-se as pedras, abriram-se as sepulturas, o véu do Templo rasgou-se em duas partes de alto a baixo.

3. Blasfemavam dele dizendo: "Tu que destróis o Templo de Deus, desce da cruz"; foram divididos seus vestidos; feriram-lhe o lado com a lança, e saiu água e sangue.

Mistérios desde a cruz até ao sepulcro (Jo 19,38-42; Mt 27,57-66; Mc 15,42-47; Lc 23,50-56)

1. Foi tirado da cruz por José e Nicodemos, em presença de sua Mãe dolorosa.

2. Foi levado o corpo ao sepulcro e ungido e sepultado.

3. Foram postos guardas.

C. MISTÉRIOS DA QUARTA SEMANA
A ressurreição de Cristo, nosso Senhor
Sua primeira aparição

Primeiro apareceu à Virgem Maria; o que, embora não se diga na escritura, se tem por dito, sendo referido que apareceu a tantos outros; porque a escritura supõe que temos entendimento, conforme está escrito: "Também vós estais ainda sem inteligência?"

A segunda aparição

(Mc 16,1-11; Mt 28,1-7; Lc 24,1-8; Jo 20,1; 11-18)

1. Muito de madrugada vão ao sepulcro Maria Madalena, Maria, mãe de Tiago e Salomé, dizendo: "Quem nos há de remover a pedra da boca do sepulcro?"

2. Veem removida a pedra e o anjo que diz: "Buscais a Jesus Nazareno; já ressuscitou, não está aqui".

3. Apareceu a Maria, que ficou perto do sepulcro, depois de se terem retirado as outras.

A terceira aparição

(Mt 28,8-10; Mc 16,1-8; Lc 24,9-11; 23)

1. Saem do sepulcro estas Marias com temor e grande alegria, querendo anunciar aos discípulos a ressurreição do Senhor.

2. Cristo, nosso Senhor, apareceu-lhes no caminho, dizendo-lhes: "Deus vos salve", e elas aproximaram-se dele, abraçaram-lhe os pés, e o adoraram.

3. Disse-lhes Jesus: "Não temais; ide, avisai meus irmãos, para que vão à Galileia, lá me verão".

A quarta aparição

(Lc 24,12; 33-34; Jo 20,1-10; 1Cr 15,5)

1. Depois de ouvir das mulheres que Cristo ressuscitara, correu São Pedro ao sepulcro.

2. Entrando no sepulcro, viu apenas os lençóis com que fora coberto o corpo de Cristo, nosso Senhor, e nada mais.

3. Pensando São Pedro nestas coisas, apareceu-lhe Cristo; e por isso diziam os apóstolos: "Na verdade o Senhor ressuscitou e apareceu a Simão".

A quinta aparição
(Lc 24,13-35; Mc 16,12-13)

1. Apareceu aos discípulos que, falando de Cristo, caminhavam para Emaús.

2. Repreende-os mostrando pelas escrituras que Cristo havia de morrer e ressuscitar: "Ó estultos e tardos de coração para crer tudo o que anunciaram os profetas! Porventura não era necessário que o Cristo sofresse tais coisas, e que assim entrasse na sua glória?"

3. A rogo deles ficou ali, e esteve com eles até que, ao dar-lhes a comunhão, desapareceu; e eles, voltando, disseram aos discípulos como o haviam conhecido na comunhão.

A sexta aparição
(Jo 20,19-23; Mc 16,14; Lc 24,36-45; At 10,40-41; 1Cr 15,5)

1. Com medo dos judeus estavam juntos os discípulos, exceto Tomé.

2. Apareceu-lhes Jesus, estando fechadas as portas; e pondo-se no meio deles, disse: "A paz seja convosco".

3. Dá-lhes o Espírito Santo, dizendo-lhes: "Recebei o Espírito Santo. Àqueles a quem perdoardes os pecados, ser-lhes-ão perdoados".

A sétima aparição
(Jo 20,24-29)

1. São Tomé, incrédulo, porque estava ausente à precedente aparição, diz: "Se o não vir, não crerei".

2. Oito dias depois, estando fechadas as portas, aparece-lhes Jesus e diz a São Tomé: "Mete aqui o dedo, e vê as minhas mãos; e não sejas incrédulo, mas fiel".

3. Creu São Tomé, dizendo: "Senhor meu, e meu Deus"; ao qual diz Cristo: "Bem-aventurados os que não viram, e creram".

A oitava aparição
(Jo 21,1-17)

1. Jesus aparece a sete de seus discípulos que estavam pescando e por toda a noite nada haviam apanhado; e, lançando a rede por seu mandado, "não a podiam tirar, por causa da grande quantidade de peixes".

2. Por este milagre o conheceu São João, e disse a São Pedro: "É o Senhor", e Pedro lançou-se e veio a Cristo.

3. E deu-lhes a comer uma posta de peixe assado e um favo de mel; e confiou suas ovelhas a São Pedro, depois de três vezes ter lhe examinado o amor, e disse-lhe: "Apascenta as minhas ovelhas".

A nona aparição
(Mt 28,16-20; Mc 16,15-18; Lc 24,46-49)

1. Por mandado do Senhor vão os discípulos ao Monte Tabor.

2. Aparece-lhes Cristo e diz: "Foi-me dado todo o poder no céu e na terra".

3. Enviou-os a pregar por todo o mundo, dizendo: "Ide, ensinai a todas as gentes, batizando-as em nome do Pai, e do Filho, e do Espírito Santo".

A décima aparição
(1Cr 15,6)

"Depois foi visto por mais de quinhentos irmãos juntos".

A undécima aparição
(1Cr 15,7)

"Depois foi visto por Tiago".

A duodécima aparição

Apareceu a José de Arimateia, como piamente se medita e lê na vida dos santos.

A décima terceira aparição
(1Cr 15,8; Ef 4,8-9; 1Pd 3,18-20; At 1,3)

1. Depois da ascensão apareceu a São Paulo. "Por último, depois de todos, foi também visto por mim, como por um abortivo". Apareceu também em alma aos padres santos do limbo; e, depois de tirá-los dali e retomar seu corpo, apareceu muitas vezes aos discípulos, e conversava com eles.

Ascensão de Cristo, nosso Senhor
(At 1,1-12; Mc 16,19-20; Lc 24,46-52; 1Pd 3,22)

1. Depois que, por espaço de quarenta dias, apareceu aos apóstolos, oferecendo muitos argumentos e si-

nais, e falando do Reino de Deus, mandou-lhes que em Jerusalém esperassem o Espírito Santo prometido.

2. Levou-os ao Monte das Oliveiras "e à vista deles elevou-se, e uma nuvem o ocultou a seus olhos".

3. Olhando eles para o céu, dizem-lhes dois anjos: "Homens da Galileia, por que estais olhando para o céu? Esse Jesus que, separando-se de vós, foi arrebatado ao céu, virá do mesmo modo que o vistes ir para o céu".

Discernimento dos espíritos
Regras para a primeira semana

Regras para sentir (observar) e conhecer algum tanto os movimentos diversos, que são produzidos na alma: os bons a serem admitidos, e rejeitados os maus; regras, que são mais próprias para a primeira semana. (Via purgativa. Anotação IX).

I. Atuação diversa de diversos espíritos

A **primeira regra: Aos pecadores**, que, não pondo freio algum às suas paixões, acumulam pecados mortais uns sobre outros, propõe-lhes de ordinário o **inimigo** prazeres aparentes, fazendo que imaginem deleites e prazeres sensuais, para os reter e mergulhar cada vez mais profundamente nos seus vícios e pecados. A tais pessoas aplica o **bom espírito** o modo contrário, pungindo e remordendo suas consciências pela voz da razão, (para os fazer sair de estado tão lastimoso).

A **segunda**: Nas pessoas, que solicitamente se esforçam por expiar seus pecados e no serviço de Deus, nosso Senhor, progridem cada vez mais, é o modo de atuação contrário ao da primeira regra; porque então costuma o **mau espírito** suscitar-lhes tormentos de consciência, tristeza e pôr-lhes obstáculos, e desalentá-las com falsas razões, para que não façam progressos. E é próprio do **bom** (espírito) dar-lhes coragem, forças, consolações, lágrimas, inspirações e tranquilidade, facilitando (tudo) e removendo todos os impedimentos, para as fazer avançar na virtude.

II. Consolação e desconsolação

A **terceira**, da consolação espiritual. Chamo consolação, quando na alma é causado algum movimento interno, pelo qual a alma vem a inflamar-se no amor de seu Criador e Senhor; e, por conseguinte, quando não pode amar em si mesma nenhuma coisa criada sobre a face da terra, senão (só) no Criador de todas elas. Igualmente, quando alguém derrama lágrimas, que o movem ao amor de seu Senhor, sejam elas a expressão da dor de seus pecados, ou da paixão de Cristo, nosso Senhor, ou de outras coisas que diretamente se referem ao seu serviço e louvor. Finalmente, chamo consolação todo aumento de esperança, fé e caridade; e qualquer alegria interna que incita e atrai (o homem) para as coisas celestiais e a salvação de sua própria alma, dando-lhe tranquilidade e paz em seu Criador e Senhor.

A **quarta**, da desconsolação espiritual. Chamo desconsolação tudo que é contrário à terceira regra, por exemplo, trevas na alma, perplexidade nela, inclinação às coisas baixas e terrenas; inquietação por várias agitações e tentações, que impelem para desconfiança sem espera de um bem, sem amor, tornando a alma preguiçosa, tíbia, triste, e como que separada de seu Criador e Senhor. Porque, da mesma forma que a consolação é contrária à desconsolação, também os pensamentos, que resultam da consolação, opõem-se aos pensamentos que nascem da desconsolação.

III. Maneira de proceder

A. *Na desconsolação*

A **quinta**: No tempo de desconsolação não se deve mudar nada, mas perseverar firme e constante nos propósitos e decisão que se tomaram no dia anterior à tal desconsolação, ou na decisão feita na antecedente consolação; porque do mesmo modo que na consolação nos guia e aconselha mais o bom espírito, assim o maligno na desconsolação nos faz sugestões que não podemos seguir para bem procedermos.

A **sexta**: Ainda que na desconsolação não devamos mudar os propósitos antes feitos, é, contudo, muito proveitoso mudar energicamente nosso proceder contra a mesma desconsolação: por exemplo, persistir mais na oração vocal e mental, no exame de consciência, e em fazer mais larga penitência de algum modo conveniente.

A **sétima**: Quem está na desconsolação considere que o Senhor, por causa da provação, o deixou com suas forças naturais, a fim de que (ainda assim) resista aos incentivos e tentações do inimigo; pois isto pode com o auxílio divino, que sempre lhe fica, embora claramente não o sinta; porque o Senhor lhe subtraiu a devoção ardente, e grande amor (sensível) e a graça extraordinária, permanecendo-lhe, porém, graça (deveras) suficiente para a salvação eterna.

A **oitava**: Quem está na desconsolação esforce-se por ter paciência, que é contrária às tribulações que lhe sobrevêm; e pense que prontamente será consolado, tomando as medidas contra tal desconsolação, como está indicado na sexta regra.

A **nona**: São três as causas principais, por que nos achamos desconsolados. A primeira é porque somos tíbios, preguiçosos ou negligentes em nossos exercícios espirituais; e assim por nossas faltas se aparta de nós a consolação espiritual. A segunda, porque Deus nos põe à prova, com que nos quer fazer tocar com o dedo o que podemos, e quanto progredimos no seu serviço e louvor, quando somos privados de tantas consolações e graças especiais. A terceira, porque Deus nos quer dar verdadeira inteligência e conhecimento, para que intimamente sintamos que não está em nosso poder conseguir ou guardar devoção ardente, grande amor sensível, lágrimas, nem qualquer outra consolação espiritual; mas que tudo é dom e graça de Deus, nosso Senhor; e para que não façamos ninho em coisa alheia, elevando nosso espírito a certa soberba ou vanglória e atribuindo a nós mesmos a devoção, ou outros efeitos da consolação espiritual.

B. Na consolação

A **décima**: Aquele que está em consolação pense como se haverá na desconsolação, que depois virá, colhendo novas forças para esse tempo.

A **undécima**: Quem está consolado procure ser humilde e abaixar-se quanto pode, considerando de quão pouco é capaz no tempo da desconsolação sem tal graça ou consolação. Pelo contrário, quem está em desconsolação pense que muito pode com a graça suficiente para resistir a todos os seus inimigos, recebendo energia de seu Criador e Senhor.

IV. Proceder do inimigo

A **duodécima**: O inimigo procede como uma mulher, em quanto é fraco contra energia alheia e forte na malícia; porque do mesmo modo que é próprio da mulher, quando rixa com algum varão, perder a coragem e fugir, logo que o homem lhe resiste energicamente; e pelo contrário, se o varão começa a desanimar e fugir, cresce muito e até sem medida a ira, vingança e furor da mulher; assim também é vezo do inimigo perder as forças e o ânimo (desistindo de suas tentações), quando a pessoa que se exercita nas coisas espirituais com prontidão faz rosto às tentações do inimigo, praticando todo o contrário (ao que incitam). E no caso oposto, se a pessoa que se exercita começa a ter medo e desânimo em sofrer as tentações, não há besta tão fera sobre a face da terra qual o inimigo da natureza humana, insistindo com excessiva malícia em sua perversa intenção.

A **décima terceira**: Porta-se também como um namorado falso, enquanto quer ficar oculto e não descoberto; porque, assim como tal homem falso, que procura com suas más palavras seduzir a filha de um bom pai, ou a esposa de um bom marido, recomenda segredo acerca das suas palavras e insinuações; e de contrário, muito lhe desagrada quando suas palavras vãs e perversa intenção a filha as descobre ao pai ou a mulher ao marido, visto que facilmente vê que não poderá levar até ao fim a tentativa começada; do mesmo modo quer e deseja o inimigo da natureza humana, quando sugere à alma justa suas ideias e propostas falazes, que elas sejam recebidas e guardadas em segredo; mas quando as descobre (a alma) a seu bom confessor, ou a outra pessoa espiritual que conheça seus enganos e malícias, está muito descontente, porque daí infere que não poderá consumar sua malícia começada, por serem descobertos seus enganos evidentes.

A **décima quarta**: Porta-se igualmente como um caudilho para vencer e roubar o que deseja. Porquanto, à semelhança de um chefe militar e capitão de guerra, que primeiro assenta arraial e explora as fortificações ou obras de defesa de um castelo, e depois o assalta pela parte mais fraca, também o inimigo da natureza humana, acercando-se de nós, inquire sagazmente todas as nossas virtudes teologais, cardiais e morais, e por onde nos acha mais fracos e indigentes a respeito da nossa salvação eterna, por ali nos combate e procura vencer.

Regras para a segunda semana

I. Sobre as consolações

Regras para o mesmo efeito com maior discernimento dos espíritos, e que mais convêm para a segunda semana.

A primeira: É próprio de Deus e de seus anjos por suas moções dar verdadeira alegria e gozo espiritual, afastando toda tristeza e turbação, que induz o inimigo; deste é próprio combater tal alegria e consolação espiritual, aduzindo motivos especiosos, sutilezas e assíduas ilusões.

A segunda: Só Deus, nosso Senhor, pode dar consolação à alma sem causa precedente; porque é próprio do Criador nela entrar, sair dela e atuar nela, atraindo-a toda ao amor de sua divina Majestade. Digo sem causa, (isto é) sem nenhum pressentimento ou conhecimento de algum objeto do qual, mediante próprios atos do entendimento e vontade, nasça tal consolação.

A terceira: Quando precede alguma causa, pode consolar a alma, tanto o bom como o mau anjo, (porém) para fins contrários: o bom anjo para aperfeiçoamento da alma, a fim de que cresça e avance de bom a melhor; e o mau anjo para o contrário e mais, a fim de arrastá-la à sua perversa intenção e malícia.

A quarta: É próprio do anjo mau, que se transforma em anjo de luz, entrar com a alma piedosa e consigo mesmo sair, isto é, (costuma primeiro) sugerir pensamentos bons e santos, que convêm a tal alma justa, e depois manso a manso procura conseguir seu fim, atraindo a alma a seus enganos ocultos e perversas intenções.

II. Sobre os pensamentos

A quinta: Devemos muito atender ao curso (série) dos pensamentos; e se o princípio, meio e fim são inteiramente bons, tendendo para o que é bom de todo em todo, é sinal que atua o bom anjo; mas se na série dos pensamentos sugeridos há o que venha a ser mau, ou dissipador, ou menos bom do que a alma antes se havia proposto a fazer; ou enfraqueça, ou inquiete, ou perturbe a alma, tirando-lhe a paz, tranquilidade e sossego que antes tinha, é claro sinal de que procede do mau espírito, inimigo do nosso adiantamento e eterna salvação.

A sexta: Quando o inimigo da natureza humana for percebido e conhecido por sua cauda serpentina e mau fim a que incita, é útil à pessoa que dele foi tentada, logo reconstituir a série dos bons pensamentos que lhe sugeriu, para descobrir o princípio deles e como pouco a pouco tratou de a fazer decair da suavidade e gozo espiritual que sentiu, até que a trouxe à sua perversa intenção. Deste modo conhecerá aquela pessoa por experiência o proceder astucioso do inimigo e o notará para mais tarde se acautelar dos seus costumados artifícios.

III. Sobre a maneira e tempo de atuar

A sétima: Na alma daqueles que progridem de bom a melhor o bom anjo influi doce, leve e suavemente, qual orvalho que penetra uma esponja; e o mau opera áspera, ruidosa e agitadamente, qual chuva que cai sobre a pedra. Mas nos que procedem de mal a pior atuam os sobreditos espíritos de modo contrário; e a razão é que a disposição da alma aparece contrária ou semelhante aos mencionados anjos. Porquanto, se é contrária, entram eles com ruído e sensações, de sorte que facilmente se percebem; quando, porém, é semelhante, entra (o espírito) silenciosamente como em própria casa de porta aberta.

A oitava: Quando a consolação vem sem causa, não há nela efetivamente nenhum engano por ser só de Deus, nosso Senhor, como está dito (Regra II); todavia deve a pessoa espiritual, a quem Deus concede tal consolação, com muita vigilância e atenção considerar e discernir o tempo próprio de tal consolação atual do (tempo) que a segue, no qual a alma permanece animada e favorecida de Deus e dos efeitos da pretérita consolação; porque ela, muitas vezes neste segundo tempo, por sua própria reflexão sobre relações e consequências das ideias e juízos, (influenciada) do bom ou mau espírito, forma diversos propósitos e opiniões que não são imediatamente inspirados de Deus, nosso Senhor, e, por consequência, hão mister ser examinados com cuidado, antes que mereçam ser plenamente aprovados e levados a efeito.

Distribuição de esmolas

No ministério (ofício, cargo, função) de distribuir esmolas devem observar-se as regras seguintes.

A **primeira:** Se faço distribuição a parentes ou amigos, ou a pessoas a quem sou afeiçoado, terei de reparar naquelas quatro coisas, das quais em parte se falou na matéria de escolha. A primeira é que aquele amor, que me impele e faz dar esmola, desça de cima, do amor de

Deus, nosso Senhor; de forma que sinta primeiro em mim que o amor, que mais ou menos tenho a tais pessoas, se dirige a Deus e na causa, porque as amo mais, Deus reluz.

A **segunda:** Quero imaginar um homem, a quem nunca vi nem conheci, e lhe desejo toda a perfeição no seu ofício e estado que tem. Ora, como eu queria que ele tomasse a média na sua maneira de distribuir esmolas, para maior glória de Deus, nosso Senhor, e maior perfeição de sua alma, eu, fazendo do mesmo modo, nem mais nem menos, guardarei a regra e medida que para o outro desejava e julgo ser tal (qual convém à maior glória de Deus e perfeição da alma).

A **terceira:** Quero, como se estivesse em artigo de morte, considerar a forma e medida que então desejaria ter observado no ofício de gerência dos meus negócios; e, regulando-me por aquela (forma e medida), guardá-la-ei nos atos da distribuição de minhas esmolas.

A **quarta:** Considerando em que disposição de ânimo estarei no dia do juízo, pensarei bem como então quereria ter exercido o ofício e cargo deste ministério, e a regra, que então desejaria ter observado, guardá-la-ei agora.

A **quinta:** Quando alguém se sente inclinado e afeiçoado a certas pessoas, às quais quer distribuir esmolas, detenha-se e por enquanto pense bem nas quatro regras já mencionadas, examinando e verificando por elas sua afeição, e não dê esmola senão depois de ter, segundo elas, tirado e removido de todo seu afeto desordenado.

A **sexta:** Posto que não haja culpa em tomar os bens de Deus, nosso Senhor, para os distribuir, quando alguém é chamado de nosso Deus e Senhor para tal ministério; todavia há facilmente dúvida se alguém não faltou e se exerceu na quantidade e medida que pode tomar e aplicar-se a si mesmo dos bens que possui para dar a outros. Portanto, (quem está em tal ministério) pode reformar-se pelas sobreditas regras na sua vida e estado.

A **sétima:** Pelas razões já referidas e outras muitas, é sempre tanto melhor e mais seguro, no que respeita a própria pessoa e estado de casa, quanto mais alguém cercear e diminuir (os dispêndios), e se acercar de nosso sumo pontífice, exemplo e regra nossa, que é Cristo, nosso Senhor. Conforme a esta doutrina determina e manda o III Concílio Cartaginense (ao qual assistiu Santo Agostinho), que seja vil e pobre a mobília do bispo. A mesma regra deve ser observada em todos os modos de vida, atendendo-se à condição e estado das pessoas e adaptando-se-lhes o proceder; assim no estado matrimonial temos o exemplo de São Joaquim e Santa Ana, que, dividindo seus bens em três partes, deram a primeira aos pobres, a segunda ao ministério e serviço do Templo, a terceira tomaram para si mesmos e sustento de sua família.

Escrúpulos

Para sentir e entender escrúpulos e sugestões de nosso inimigo, servem as notas seguintes.

1. Noção do escrúpulo

A primeira (nota): Chamam vulgarmente escrúpulo o que procede de nosso próprio juízo e livre-arbítrio; a saber: quando livremente julgo ser pecado o que não é pecado, como, por exemplo, sucede quando alguém, depois de ter pisado uma cruz de palha casualmente, por si mesmo forma juízo de que pecou. Porém, isto é propriamente opinião errônea e não verdadeiro escrúpulo.

A segunda: Depois de ter pisado aquela cruz, ou pensado, ou dito, ou feito alguma outra coisa, vem-me de fora um pensamento de que pequei, e por outra parte parece-me que não pequei; todavia sinto-me perturbado com isto, a saber: enquanto duvido e enquanto não duvido. Este é verdadeiro escrúpulo e tentação que insinua o inimigo.

A terceira: O primeiro escrúpulo, da primeira nota, é de aborrecê-lo muito, porque é erro de todo. Mas o segundo, da segunda nota, é, por algum tempo, bastante útil à alma que se dedica a exercícios espirituais; pois em alto grau purifica e limpa tal alma, afastando-a longe de qualquer aparência de pecado, segundo a palavra de São Gregório: "É próprio das almas boas encontrar culpa, onde não há culpa nenhuma".

2. Procedimento do inimigo

A quarta: Muito observa o inimigo se uma alma tem consciência larga ou delicada; e se é delicada, procura mais acanhá-la até ao extremo, para melhor a perturbar e confundir. Quando vê, por exemplo, que uma alma em si não admite pecado mortal nem venial, nem aparência alguma de pecado deliberado, então procura o inimigo, não podendo fazê-la cair em coisa aparentemente pecaminosa, conseguir que ela suponha pecado onde não há pecado, assim como em uma palavra ou pensamento mínimo. Se a alma é de consciência elástica, esforça-se o inimigo por alargá-la mais; por exemplo, se antes não fazia caso dos pecados veniais, procurará que ela tenha em pouca conta os mortais; e se antes os temia um tanto, agora muito menos ou nada lhe importam.

3. Defensiva

A quinta: A alma que deseja progredir na vida espiritual deve sempre proceder de modo contrário ao do inimigo; a saber: se o inimigo quer embotar a consciência da alma, procure ela torná-la delicada; do mesmo modo, se o inimigo trata de aguçá-la para a levar ao excesso, empregue a alma diligências por ficar estável no meio, para ter sossego em tudo.

II. Escrúpulos acerca de coisas boas

A sexta: Quando tal alma boa quer dizer ou praticar alguma coisa que corresponda à interpretação da Igreja e dos nossos maiores, e seja para glória de Deus, nosso Senhor; e lhe sobrevém de fora um pensamento ou tentação de não dizer nem fazer aquela coisa, alegando-lhe razões aparentes de vanglória ou outra coisa etc., então deve ela levantar o espírito a seu Criador e Senhor; e se vê que (aquele propósito) reverte em seu serviço conveniente, ou ao menos não lhe é oposto, tem de agir absolutamente contra tal tentação, como São Bernardo lhe responde: "Nem por causa de ti comecei, nem por causa de ti desistirei".

Sentir com a Igreja

Para termos o verdadeiro senso (católico) que devemos conservar na Igreja militante, guardem-se as seguintes regras.

A primeira: Posto de lado todo juízo (próprio), devemos ter o ânimo preparado e disposto para obedecer em tudo à vera esposa de Cristo, nosso Senhor, que é a nossa santa madre Igreja hierárquica.

A segunda: Louvar (recomendar) a confissão feita ao Sacerdote, e a recepção do santíssimo Sacramento uma vez no ano, e muito mais em cada mês, e muito melhor de oito em oito dias, sob as condições requeridas e devidas.

A terceira: Louvar (recomendar) a frequente assistência à missa, como também cânticos, salmos e longas orações na igreja e fora dela; do mesmo modo as horas marcadas a tempo destinado para cada culto divino e cada devoção, e todas as horas canônicas.

A quarta: Louvar muito as ordens religiosas, a virgindade e continência, porém não tanto o matrimônio como algum dos estados mencionados.

A quinta: Louvar os votos da religião, de obediência, pobreza, castidade e outras obras de perfeição e supererrogação. E é de advertir que, como o voto se refere a coisas que intentam a perfeição evangélica, não se deve fazer voto em coisas que dela se afastam, por exemplo, de ser negociante, ou de casar-se etc.

A sexta: Louvar as relíquias de santos, venerando-as e a eles orando. Louvar a visita às igrejas das estações, peregrinações, indulgências, jubileus, cruzadas e acender velas nas igrejas.

A sétima: Louvar as constituições sobre jejuns e abstinências, como na quaresma, quatro têmporas, vigílias, sexta-feira e sábado; do mesmo modo penitências, não só internas, mas ainda externas.

A oitava: Louvar ornamentos e construções de igrejas, e igualmente imagens e sua veneração segundo o que representam.

A nona: Louvar, finalmente, todos os preceitos da Igreja, prontificando-se a buscar razões para os defender, e de modo nenhum para os impugnar.

A décima: Devemos estar mais prontos para justificar e louvar tanto as constituições e recomendações, como os costumes de nossos superiores, (do que para os repreender); porque, embora alguns não sejam ou fossem louváveis, (contudo) falar contra eles, quer pregando em público, quer conversando diante da arraia miúda, causaria antes murmuração e escândalo que proveito; e deste modo se indignaria o povo contra seus superiores, sejam seculares, sejam eclesiásticos. Entretanto, da mesma forma que falar mal dos superiores na sua ausência à gente miúda causa dano, assim pode dar proveito falar dos maus costumes àquelas mesmas pessoas que os podem remediar.

A undécima: Louvar a doutrina positiva e escolástica; porque, assim como é mais próprio dos doutores positivos, por exemplo de São Jerônimo, Santo Agostinho, São Gregório etc., excitar afetos para em tudo amar e servir a Deus, nosso Senhor, do mesmo modo é mais próprio dos escolásticos, por exemplo de Santo Tomaz,

São Boaventura e do Mestre das Sentenças etc., definir e explicar para nossos tempos as coisas necessárias à salvação eterna, e para mais impugnar e declarar todos os erros e doutrinas falazes. Porquanto, os doutores escolásticos, sendo mais do tempo moderno, não só tiram proveito da verdadeira inteligência da Sagrada Escritura e dos positivos e santos doutores, mas ainda, sendo eles também iluminados e esclarecidos da virtude divina, servem-se dos Concílios, Cânones e Constituições de nossa santa madre Igreja.

A duodécima: Devemos guardar-nos de fazer comparações entre os que ainda vivem conosco e os bem-aventurados que já passaram à outra vida, porque nisto não pouco se erra; por exemplo, quando se diz: Este sabe mais que Santo Agostinho; é outro São Francisco ou maior; é outro São Paulo em bondade, santidade etc.

A décima terceira: Para em tudo andarmos seguros, devemos sempre ter por certo que: o que a meus olhos parece branco crerei que é preto, se a Igreja hierárquica assim o determina, convencido de que entre Cristo, nosso Senhor, esposo, e a Igreja, sua esposa, é o mesmo Espírito que nos governa e rege para a salvação de nossas almas; porque, pelo mesmo Espírito e Senhor nosso, que deu os Dez Mandamentos, é regida e governada nossa santa madre Igreja.

A décima quarta: Embora seja verdade absoluta que ninguém pode salvar-se que não é predestinado e não tem fé e graça, (todavia) precisa-se dar muita atenção ao modo de falar e discorrer sobre elas todas.

A décima quinta: Por via de regra, não devemos muito falar da predestinação; mas, se de algum modo e algumas vezes se falar dela, empreguem-se tais palavras que o povo miúdo não caia em algum erro, como de quando em quando sucede, dizendo: Se hei de ser salvo ou condenado, já está determinado; e pelas minhas boas ou más obras já não se muda nada; e por isso tornam-se negligentes e descuidam das boas obras que conduzem à salvação e progresso espiritual de suas almas.

A décima sexta: Da mesma forma é de advertir que não se fale muito da fé nem com instância demasiada, sem distinção e explicação alguma, para que não se dê à plebe ocasião de tornar-se remissa e preguiçosa em praticar boas obras, quer elas precedam a fé formada pela caridade, quer a sigam.

A décima sétima: Do mesmo modo não devemos falar tão copiosamente e com tanta instância da graça, que se gere o veneno pelo qual é suprimido o livre-arbítrio. Por isso pode-se falar da fé e graça, quanto seja possível com o auxílio divino para maior louvor de sua divina Majestade; mas não de tal sorte nem de tais modos, principalmente em nossos tempos tão perigosos, que as obras boas e o livre-arbítrio sejam prejudicados, ou tidos por maus.

A décima oitava: Posto que sobretudo se há de estimar servir muito a Deus, nosso Senhor, de puro amor, devemos também louvar muito o temor de sua divina Majestade; porque não apenas é coisa pia e santíssima o temor filial, mas ainda o temor servil, que se outra coisa melhor ou mais útil não a consiga o homem, o ajuda muito a sair do pecado mortal, e, saído, facilmente chega ao temor filial, que é bem aceito e agradável a Deus, nosso Senhor, por estar unido ao amor divino.